做一个合格
MOM
QUALIFIED
GOOD
MOTHER
好妈妈

U0672037

让你的孩子惹人爱

著 马丽莎

百花洲文艺出版社
BAIHUAZHOU LITERATURE AND ART PRESS

图书在版编目(CIP)数据

让你的孩子惹人爱 / 马丽莎著.—南昌:百花洲文艺出版社,2020.8
(做一个合格好妈妈系列)
ISBN 978-7-5500-3780-9

Ⅰ.①让… Ⅱ.①马… Ⅲ.①幼儿教育-家庭教育 Ⅳ.①G781

中国版本图书馆 CIP 数据核字(2020)第 128797 号

让你的孩子惹人爱

马丽莎 著

出 版 人	章华荣	
策 划	邹晓冬	
责任编辑	黎紫薇	
封面设计	黄敏俊	
制 作	胡红源	
出版发行	百花洲文艺出版社	
社 址	南昌市红谷滩区世贸路 898 号博能中心一期 A 座 20 楼	
邮 编	330038	
经 销	全国新华书店	
印 刷	金华市三彩印业有限公司	
开 本	710mm×1000mm 1/16 印张 6	
版 次	2020 年 8 月第 1 版第 1 次印刷	
字 数	67 千字	
书 号	ISBN 978-7-5500-3780-9	
定 价	22.00 元	

赣版权登字 05-2020-99

邮购联系 0791-86895109
网 址 http://www.bhzwy.com
图书若有印装错误,影响阅读,可向承印厂联系调换。

◀ 导读 ▶

"中国的传统文化之根,就是礼仪。"(钱穆),作为中华文明的立根之基,时至今日,礼仪仍是人们在社会交往活动中的行为规范与准则。

行为、举止有礼的孩子无论在哪里都是惹人喜爱的。然而,社会新闻里却时不时爆出一些让人哭笑不得的熊孩子的行为问题,他们匪夷所思的行为举止,实在是超越想象,让我们不禁深思孩子的教育问题。

现在的家庭教育普遍重视知识、技能、才艺的培养,家长在这些方面,投入了大量的时间、精力和金钱。

但在孩子的人格养成方面,却存在两类问题:要么不够重视,觉得太虚,不如学点知识或技能来得实在;要么虽知重要,却力有不逮,无从入手,不知道怎样有效引导。所以,导致现在不少孩子不同程度存在傲慢、自私、无礼、自控力差等问题。

对第一类问题,家长应明白知识、技能无法替代人格养成,前者只是"用",后者才是"体"。"体"之不存,"用"将焉附?没有健全人格,有"用"也无大用。

对第二类问题,家长欠缺的是具体教育方法,应将礼仪教育作为人格养成教育的有效载体,礼仪教育具有引导孩子社会化的先导作用,可以让孩子在与他人交往的过程中逐渐形成符合社会规范的行为方式。

目前,市面上写给家长的指导儿童礼仪教育读物,涉足这两类问题的并不多。大部分读物的内容,还停留在对礼仪的介绍与

说教层面,把操作性与实践性很强的礼仪教育,当成一种知识与规矩,要求家长对孩子进行知识灌输与说教。这种读物,只能让家长知其然,而无法让家长知其所以然。它们既不能有效影响那些不重视人格养成(礼仪教育)的家长,转变教育观念,也不能提供行之有效的方法,让那些有心无力的家长获得帮助。

《让你的孩子惹人爱》这本书,四万余言,篇幅不长,要言不烦,内容既生动有趣,又给人方法启示。全书4章26节,以言行为经,以表里为纬,将对孩子的礼仪教育,准确定位为言谈(说话得体)、举止(行为有礼)、外表(干净大方)、内心(心中有爱)这四个坐标,通过每个坐标定位每一章的内容。从而,上能完整建构礼仪教育体系,下能深入其中每个具体问题。尤其是每一小节,都先以生动的故事(案例)开篇,将读者带入常见的生活场景,或从反面描述典型问题,或从正面呈现理想状态。进而提示教育方法,进行启发(专家锐评),并且提炼教育经验进行示范(妈妈这样做,孩子惹人爱),最后链接相关内容进行知识拓展(小贴士)。

孔子曰:"不学礼,无以立。"亦有古语云:"3岁看大,7岁看老。"儿童期是对孩子开展礼仪教育的重要时机,且对孩子进行行为礼仪的教育,非一朝一夕之功,需要家长在日常生活中对孩子进行潜移默化的引导,这是件任重道远的事。希望本书能够对家长有所启迪,帮助孩子推开礼仪之门,让他们成为知行合一、举止有礼的孩子。

马丽莎

2020年6月于心知堂

目　录

第一章

让孩子说话更得体

阿姨好——

小测试

你的孩子说话得体吗？

请您仔细阅读，并根据孩子的实际情况，回答下列问题，答案为"是"得 1 分，答案为"否"不得分。

1.尊敬长辈，会主动向长辈问安。 □是 □否

2.回家、离家时会主动与家人打招呼。 □是 □否

3.遇见熟悉的人，会向他人问好，如"阿姨好""爷爷好"等。 □是 □否

4.当他人向自己问好，能热情回应他人的问候。 □是 □否

5.得到他人帮助，会主动说"谢谢"；给他人造成麻烦，会说"对不起"。 □是 □否

6.当别人冒犯自己真心道歉后，会说"没关系"原谅对方。 □是 □否

7.自己做错事会主动道歉。 □是 □否

8.认识新朋友时，能大方地做自我介绍。 □是 □否

9.聚会时会向他人简单介绍自己的朋友或家人。 □是 □否

10.接打电话会用礼貌用语，如"您好"、"请问"、"再见"等。 □是 □否

11.接到打错的电话时会注意礼仪和情绪。 □是 □否

12.接到找他人的电话能礼貌回应并转达。 □是 □否

13.会注意礼貌地挂电话。 □是 □否

14.请求别人帮助，会用"请……""麻烦您了"等礼貌用语。 □是 □否

15.不对他人提出无理的请求。 □是 □否

16.别人向自己请求帮助,帮不上忙时能委婉拒绝。　□是　□否

17.能认真地倾听他人说话,不随意打断。　□是　□否

18.表达自己意见的同时会尊重他人的意见。　□是　□否

19.会关注他人情绪,当别人不想听的时候,懂得结束或转移话题。　□是　□否

20.说话时能注意场合,注意音量大小。　□是　□否

21.说话时能不急不躁。　□是　□否

22.不说脏话,不用言语攻击他人。　□是　□否

23.不说让人感觉难堪的话,或故意让人悲伤的话。　□是　□否

24.不传播小道消息。　□是　□否

25.不打小报告。　□是　□否

26.不在背后说人坏话。　□是　□否

27.不打听他人的隐私。　□是　□否

28.发言时会想好再说,言之有物、有条理。　□是　□否

29.能欣赏他人的优点,真心赞美他人。　□是　□否

30.能在不同的节庆场合说合适的祝福语。　□是　□否

测评分析

如果以上问题所得分数相加在 25 分以上,说明您的孩子说话得体,对待他人非常有礼貌;如果分数在 15 分—25 分,说明您的孩子在这方面还存在一些不足之处,需要您的引导;如果分数在 15 分以下,说明您孩子在说话得体方面需要加强,在日常生活中,要抓住时机对孩子进行有意识的引导,帮助孩子成长。

① 我会大方打招呼

案 例

星期天,豆豆和妈妈一起出门了。"豆豆,早上好呀。"楼下的顾奶奶问。豆豆抬头看了顾奶奶一眼,扭头就跑开了。"这孩子,拉都拉不住!"豆豆妈妈不好意思地笑了笑。

"顾奶奶好,豆豆妈妈好!""王爷爷早!""李奶奶好!"隔壁楼栋的小芝麻也和妈妈下楼了,远远地就冲着顾奶奶、豆豆妈妈以及院子里的爷爷奶奶们大声打起了招呼。

"哟,小芝麻宝贝这么早就要出去玩呀!""小芝麻早上好,要去哪里玩啊,带我一起去好不好呀?""我最喜欢小芝麻了!"爷爷奶奶们纷纷对着小芝麻招起了手。

芝麻妈妈看着这场景心里高兴极了。"小芝麻你看看谁在灌木丛后面呀?你要不要过去打个招呼呀?"芝麻妈妈问。"是物业的吴伯伯,吴伯伯好!""小芝麻你好,真是个有礼貌的乖宝宝!"吴伯伯笑呵呵地夸奖道!

"你家小芝麻教得真好,我家的就是个闷嘴葫芦!"豆豆妈妈看着人见人爱的小芝麻美慕极了,都是一般大的小朋友,怎么自己家

的豆豆就是别别扭扭地不肯打招呼呢？在家的时候豆豆也挺喜欢说话的呀！

专家锐评

豆豆妈妈别着急，孩子不爱打招呼，不是什么大事，也不代表孩子内向或者孤僻，可能他只是不知道打招呼的方式和方法。在面对陌生人时，有的孩子可能会害羞、害怕，心理上一时调节不过来，如果这时候硬逼着孩子和不熟悉的人打招呼，可能会事与愿违。也千万别给孩子贴上"不懂事""没教养"的标签，这会严重影响孩子的自我认知和自信心，让孩子产生自己不善言辞、不如别人等错误想法。当然我们也不能回避这个问题，毕竟在日常生活中，见面问好是孩子迈向社会交往的第一步。

为什么要教孩子打招呼问好呢？

其实，我们持续地向外界输出"你好""吃了么""去哪里"等招呼用语，就是在向周围人传达出我们友善的态度，传达出"我在关心你""你在我心中很重要"的信息。同样，我们也能从对方的回应中感受到别人对自己的情绪和态度，进而产生被认同、被接纳的感受。我们也会因此与他人进行更深入的交流，进而遇见更多志同道合的朋友。朋友多了，我们的视野更广阔，心情会更愉快，心境会更开阔。心广天地宽，人生也会因此拥有更大的格局和别样的风采。

我们该怎样教孩子打招呼呢？

1.打招呼是个习惯，教孩子打招呼不能急于求成，要讲究方式方法。父母要以身作则，大声地多做示范，一来提醒孩子见人要问好，二来给孩子示范正确的称呼。

2.从简单的招呼用语开始，鼓励孩子主动打招呼，如果接下来有更多的相处时间，可以引导孩子寻找自己感兴趣或对方感兴趣的话题进行交流。

3.教孩子打招呼的时候要注意几个细节,比如打招呼的时候看着对方的眼睛,面带微笑,点头致意;打招呼的时候最好能加上对方的名字或者称呼,让对方感觉被重视;打招呼的时候,手不能揣在口袋里,举起手来挥一挥会更好。

妈咪魔法棒

1.从小带孩子出门时,不管见到什么我都会带着孩子打招呼,如爷爷好、小狗好……一方面考虑的是教孩子说话,引导孩子社交,另一方面引导孩子认知,而且孩子天生就会觉得所有东西都是有生命的,所以向动物、植物、房子等打招呼,在他们心里也是很自然的,不会觉得别扭。自己也会和其他孩子的妈妈交流育儿心经,当大人聊到一块儿的时候,孩子们一起玩时会觉得更安全,并且能交上朋友。如果孩子经常和物业工作人员打招呼,物业工作人员熟悉孩子了,还能帮忙提防着点孩子的安全问题呢。

2.在家里的时候,我和她爸爸早晚都会互相问安。每天早上醒来,我和她爸爸会认真地看着孩子的眼睛,笑着对孩子说:"早上好呀,昨天晚上睡得香不香呀",给她开启一个美好的早晨。孩子会感觉到我们对她的重视,知道打招呼是一件认真的、重要的事情。

3. 进出家门的时候,我和她爸爸会大声对奶奶说:"我去上班啦"、"我回来啦"等等,这样孩子进出家门就会模仿着向长辈报备。

小贴士

关于打招呼,你知道吗?

无论在中国还是在西方国家,见面打招呼都是一种礼仪。

中国被誉为礼仪之邦。在中国的传统文化里,早晨起来要向父

母问安,外出要向父母报备,归来要向父母请安。出门后见人要问候,不论男女老少,都要主动问好。

在西方国家,大家见面时会依据熟悉程度和彼此距离来决定打招呼的方式,例如远远看见了,可以挥挥手说"嗨",面对面的时候可以击掌或者拍拍肩,如果非常亲密且许久未见可以来个热情的拥抱,或者贴面礼。

② 表示感恩说"谢谢"

案 例

笑笑妈妈和果果妈妈是闺蜜,虽在同一个城市,见面的机会并不多,不过每年她们都会定期聚上两三回,有了孩子后,两个人的聚会也变成了两家人的聚会。

"笑笑,你往里坐。"笑笑妈妈说。

"哦。"笑笑面无表情地答应着。

"果果,你和笑笑姐姐一起坐好不好?"果果妈妈说。

"好的,谢谢妈妈!"果果开心地回应。

"笑笑,把包拿过来,我给你放这了。"

"拿去。"

笑笑和妈妈的对话总是这样像白开水一样无味。

"果果,你的包也给妈妈吧,妈妈帮你放旁边。"

"嗯,谢谢妈妈!"

"不客气。"

果果和妈妈的对话就像蜂蜜一样,甜甜的。

"喔,你们娘俩这么客气噢。"笑笑妈妈觉得半年不见果果突然变得礼貌极了。吃饭时服务员在旁边给果果上菜,她会说谢谢;举杯

庆祝欢聚,果果会感谢阿姨的热情招待;果果妈妈给她递张纸巾,她也会说谢谢。

"笑笑,你看果果多懂礼貌呀。"笑笑妈妈立刻展开了现场教育。哪知道笑笑翻了个白眼怼了句:"有什么好谢的。"

"礼多人不怪,我们多吃菜!"果果妈妈赶紧打起了圆场,说着给果果和笑笑夹了几块刚上的红烧肉。笑笑埋头吃了起来,果果笑意盈盈地看着妈妈,嘴唇微动依旧说的是谢谢,说完还不好意思地朝笑笑妈妈吐了吐舌头,然后再开吃。

笑笑妈妈看着两个同样6岁的孩子,不禁陷入了沉思。

专家锐评

看着果果的礼貌表现,笑笑妈妈的内心是很羡慕的,但又觉得随时随地表达感谢是不是过于客气了?觉得对亲近的人过于客气有些别扭,内心有些矛盾。

其实,果果这样的行为表现说明,她已经将感恩的情怀融入到她的日常生活中了。并且对亲近的人表达感恩、在小事上不忘感恩的行为值得提倡。

为什么要进行感恩教育呢?

感恩是一种美好的品质,对关心与帮助我们的人表达感恩,是一种正向的回馈。很多孩子以为只有英雄譬如救命之恩才值得感恩,小事不值一提。这是不对的。人与人之间的关系非常微妙,处于一种互相协作的动态互动中。让孩子从小,从身边的小事开始感受别人的帮助,体验感恩的情绪,可以在孩子心中洒下感恩的种子,学习如何为他人着想,养成感恩他人的习惯。

通过感恩教育,让孩子学会用心来看世界,孩子也在感恩中不断地学习领悟,学会互相帮助,学会与他人和谐相处,对他人的关心帮助予以回报,学会感恩父母、感恩他人、感恩祖国、感恩大自然。

在对感恩的不断体会与理解中,孩子也将逐步理解人与社会、人与国家、人与自然的关系,认识到社会公德、家庭美德。作为社会人、家庭中的一分子,他们要承担什么样的责任,作为灵动的生命该怎样奉献自己的光亮。

怎样进行感恩教育呢?

1. 让孩子感受父母无条件的爱,并给孩子向自己表达感恩的机会。让孩子知道父母为他付出是快乐的,孩子不是父母的负担和烦恼的源泉。当孩子向父母表达爱如微笑、拥抱,或者帮助父母做事的时候,父母也应热切地回应孩子,正面鼓励他的行为,并表示感谢,久而久之,孩子就会习惯把自己的感恩之心通过语言或行为反馈给父母。

2.父母是孩子的第一任老师,父母的感恩之心是孩子最好的榜样。教孩子学会说"谢谢",懂得谢谢的含义,让孩子知道什么时候该说感谢。有时因为腼腆,孩子内心感激但嘴里不说,作为家长要及时提醒孩子把内心的感激真诚地表达出来,而不是浮于表面或者藏在内心。

3.利用生活的仪式感教育孩子感恩。如生日、清明节、母亲节、父亲节、教师节、重阳节等,可以帮助孩子回忆父母、老师或长辈为我们所做的一切,通过自制礼物或留言来表达自己的感恩之情。

妈咪魔法棒

1.在日常生活中,我们会及时表达感谢,即便是拿双筷子、递把剪刀这样的小事。

2.吃饭或者吃水果之前,我们会对准备食物的家人说感谢,比如说:"哇,感谢外婆给我们做了这么好吃的煎饼呀!""感谢爸爸,冒着大太阳给我们买回来一个大西瓜!"

3.全家人聚餐时,我们会用碰杯的方式表示庆祝,平时没有及时表达的感谢都会利用这个机会尽情表达。孩子在这样的氛围中会有所触动。

4.每天睡前,我们会做个简单总结,把特别想要感激的人和事记录下来,等到新年时的某一天,专门拿出来读一读,共同分享需要感谢的人和事,一方面加深彼此的感情,一方面也是给孩子成长的礼物。

小贴士

懂得感恩,幸福一生

研究表明,常怀感恩之心的孩子,往往更加积极乐观,身体更加健康,处世更加豁达,他们对自己往往会有更高的自我评价。他们善于为他人着想,乐于帮助别人,能够很好地处理生活中的各种关系。

③ 做错事情要道歉

案例

小区里面孩子多,一起游戏齐欢乐。

镜头一：

"你撞到我了。"玩追追跑跑游戏的时候，嘟嘟被腾腾撞了一下，有些不开心。腾腾看着嘟嘟脸色不太好，马上跑开了。

"不要抢我的'药'。"腾腾看着阳阳手上的小草很好看，想摸摸，伸手就去抓，阳阳马上嚷了起来。腾腾揪完阳阳的草马上跑远了。阳阳："呜……腾腾抢了我的'药'……"

"妈妈，这里不好玩，我们回去吧。"腾腾不喜欢在小区里玩。

镜头二：

可可被浩浩撞了一下。"啊，好痛。""啊，对不起，痛不痛？"浩浩赶紧向可可道歉。"没关系，我们继续玩追追跑跑吧！"

"这是我的'药'！"露露喊了起来，原来浩浩不小心踩到了一堆草。"对不起，对不起，我不是故意的。我帮你再采一些药吧！"浩浩和露露一起玩了起来。"妈妈，让我再玩一会吧，我一会就好了。"浩浩玩得不肯回家。

腾腾妈妈看着受欢迎的浩浩，再看看自己家"讨人厌"的腾腾，真是哭笑不得。

专家锐评

腾腾不受欢迎,当妈妈的心里一定不好受。"对不起"三个字,腾腾妈妈在家里一定是教过的,可腾腾为什么说不出口呢?也许是腾腾玩心太迫切没注意,当发生矛盾时因为紧张说不出口;也许是腾腾已经有了自己的主见和个性,内心已经有了悔意,却不好意思开口。当他与其他小朋友的关系恶化后,也不知道后面该怎么处理,只好对妈妈说不好玩,要回家。

回家后妈妈应该怎么教育腾腾呢?让孩子把"对不起"说出口并不难,但真正教会孩子道歉并不是一件简单的事情,孩子真的反思自己的错误了吗?还是把"对不起"当作了挡箭牌,在敷衍呢?家长该怎样教育孩子理解"对不起",真诚地表达出自己的歉意呢?

家长在对孩子的道歉教育上可以从认知、情感和行为三个方面着手,具体如下:

1.当父母对孩子有所误解或者不经意间对孩子造成了伤害,要及时向孩子说"对不起",并说明原因,通过一定方式方法取得孩子的原谅,让他们感受原谅是怎样的情绪体验,能够接纳他人的歉意。

2.当遇到孩子需要说"对不起"的时候,家长应了解矛盾发生的前因后果,帮助孩子说出心里话,理解孩子的心理,让孩子觉得家长是理解自己的,从而接纳家长的教育。然后家长再对孩子的行为进行分析,通过举例、讲故事的方式,让孩子从别人的故事里反思自己的行为,不至于因为自尊心一味抗拒。

3.在孩子对自己的过错进行反思后,家长应指导孩子勇于承担起责任,对自己行为造成的后果负责,而不是任由孩子逃避问题。比如弄伤了其他小朋友,要陪着去医院,赔偿医疗费用,帮助小朋友做力所能及的事情,并在家里通过劳动挣得赔偿的医疗费。

妈咪魔法棒

1.在日常生活中,"对不起""不好意思""抱歉""打扰"我们是挂在嘴边的,只要是给别人添麻烦,我们就会说声抱歉或者对不起。

2.孩子小时候不懂得"对不起"是什么意思,我们会抓住一切时机对她进行教育, 比如把玩具熊弄到床下了, 我们会说:"哎呀,小熊,对不起,不小心把你撞到床底下了,你痛不痛,我来给你摸摸。"

3.等孩子大一些的时候,碰到需要说"对不起"的时候,我们会引导孩子反思,要对谁说对不起,为什么要说对不起,怎样才能够取得对方的原谅。有很多行为有时并不能取得对方的原谅,我们会让孩子将心比心,了解后果,让孩子自己思考为什么得不到对方原谅,让他自己思考怎样去弥补错误,承担责任。

4.当孩子不好意思表达歉意的时候,我们会陪孩子在家里练习,模拟学校发生的各种情境,教会孩子勇敢地表达。

小贴士

换种方式让孩子表达歉意

孩子在成长过程中的某些阶段,自我意识会比较强,做错事情的时候他们情愿用行动来弥补歉意,却不愿意把"对不起"说出来,觉得说"对不起"很丢脸。这时家长可以设计几种道歉方式让孩子选择,比如道歉礼物、为别人做些事情等等。

④ 自信介绍我自己

案 例

兴趣班举行开班仪式,每个小朋友都要上台做自我介绍。

"大家好,我是桐桐,"桐桐第一个上台,边向大家挥手,边笑着介绍,"我6岁了,我是小女生,我喜欢唱歌,我喜欢跳舞,我喜欢听故事,很高兴认识大家,希望能和你们做朋友,谢谢!"桐桐说完还向大家鞠了个躬,然后蹦蹦跳跳地下台了。

"桐桐真棒!"老师竖起了大拇指,台下的小朋友和爸爸妈妈们都为桐桐的表现热烈地鼓起掌来。接下来大家陆陆续续地做着介绍,可是轮到子宁的时候却卡了壳。他站在台上满脸通红,半天半天不说话。老师只好帮着说:"这是我们的同学子宁,今年也是6岁了,他是个小男生。今天呢,我们的子宁同学有点害羞,不过他也是很愿意和大家做朋友的。是不是呀,子宁?"子宁点点头。等回到妈妈身边的时候他"哇"的哭了出来。子宁的妈妈一边安慰一边反思为什么自己的孩子不敢上台做自我介绍呢?

专家锐评

子宁不愿意做自我介绍,妈妈要仔细分析原因。有的孩子可能不太适应陌生环境;有的孩子被周围的玩具、图书吸引,一时没跟上老师的指令;还有的孩子可能身体不太舒服。然而,更多的是孩子在

自我介绍方面缺乏足够的训练,以至于难以开口。这时家长不必强求,也无须过多埋怨,自我介绍的机会有很多,下次做好就行。

让孩子学会做自我介绍,家长应重视起来,自我介绍其实是孩子走向社会的第一步。一般孩子融入新的集体或者认识新朋友都需要进行简短的自我介绍,看起来只是短短的几句话,其实是孩子适应陌生环境的关键。

每一次的自我介绍都是孩子在公众场合的展示与演练,做自我介绍可以增强孩子的自信与勇气,通过自我介绍,孩子也会对自己有更清晰的认识,在点滴积累中让自己变得更好。通过不断的展示累积,孩子才能逐渐在公众场合展现出落落大方,自信得体的样子。

怎样教孩子做自我介绍呢?

1.在孩子做自我介绍前,让孩子思考下自己喜欢什么,优点是什么,正在努力做什么。对自己进行一个审视,确认自己的优点与特长,增加自信。

2.从自己的姓名、年龄、爱好、特长等方面出发,每个方面讲述一个细节,给别人留下印象。

3.在做自我介绍的时候,要注意语音、语调、语速、表情、仪态。可以在家里对着镜子做一些练习,增强自信。

妈咪魔法棒

1.孩子小时候,我们会和孩子玩交朋友的游戏,引导孩子进行简单的自我介绍。在公众场合,孩子小的时候,需要大人说一句孩子跟着说一句,等他大点儿后,我们就鼓励他自己说,当他说得不好的时候,我们会帮他补充,然后表扬他这一次自我介绍表现得很棒,希望他下次做得更好。

2.孩子稍微大了一些后,我们会和孩子玩猜猜我是谁的游戏,介绍动画片或者故事书里人物的特点、爱好,描述他们的优点,让孩子

猜是哪个人物。如果孩子猜不出来,我们就会扮演这个人物做自我介绍,也让孩子来提问,这样孩子就明白了自我介绍的重要性,也知道了要抓住特征进行描述。

3.孩子再大一些后,我们会定期引导孩子更新自我认识,让孩子说一说最近关注什么,喜欢什么,自己的优点是什么,最近在哪些方面做得不够好,需要改进。我们也向孩子说说自己的工作、生活、兴趣。我们也会以一些幽默的方式进行描述,比如"如果我有章鱼那么多手的话,那么我就可以更快地完成工作早点回家了。"

4.每次孩子在公众场合介绍完自己后,我们也会问问他,今天你对谁印象最深刻,为什么? 尊重他的观察,更注重正面引导。

小 贴 士

这些方法能让孩子更自信

1.鼓励孩子无论是顺境还是逆境都要面带微笑。

2.针对孩子的不足,选择适合的座右铭作为精神力量激励孩子。针对孩子的不同状态,选择适合的语言鼓励孩子,增强他的自信。

3.,面对困难,要鼓励孩子以实际行动来破局,增强自信。

4.当孩子因事情挫败否定自己时,帮助孩子分析事件,解决情绪问题,然后正确认识自己。帮助孩子回忆成功的事例,让孩子学会欣赏自己,不因为某次挫折否定自己。

5.帮助孩子发现自己的特长,并以此为基点向其他方向迁移,不断扩大自信的范围。

⑤ 我会礼貌接电话

案 例

周末,公司一重要项目的负责人出了车祸,要急调负责人立刻接手项目,第二天上午赶往工作现场,做好现场活动的管理工作,并出席晚上的一项重要活动。总经理助理苏欣心急火燎地拨通了副总钱唐的电话。

"谁呀?你不说话,我挂了。"电话那头是一个孩子的声音,苏欣慌忙看了看手机,怕拨错了号。

"啪",电话被挂了。再拨。

"小朋友,你好,我是苏欣,是你爸爸的同事。""我爸看球呢,这会没空。"苏欣话还没说完,"打游戏呢,真烦人!""啪"电话又挂了。

苏欣无奈摇摇头,赶紧拨欧阳副总电话。拨过去的时候半天没人接,她刚准备挂的时候电话里传来个软软糯糯的声音。"您好,这是欧阳的电话,我是她的女儿恬恬,很抱歉,她现在不方便接电话,请问您是哪一位,有什么事情吗?"原来是欧阳8岁的女儿接了电话,苏欣赶紧回道:"哦,恬恬你好,我是你妈妈的同事苏欣,工作上有急事找她,你能喊你妈妈过来接下电话吗?""哦哦,抱歉呢,我妈妈在洗澡,您稍等,我催催她,过几分钟她就好了,等她出来我让她给您回电话好吗?""嗯,好的。""阿姨再见。"挂完电话,苏欣心想欧阳的女儿教得真好。

事后,钱唐知道了自己与公司重大项目失之交臂的原因,他懊悔不已。

专家锐评

钱唐错失机会真是令人遗憾,原因出在孩子的电话礼仪上。每个孩子都有接打电话的经验,但并不是每个家庭都会对孩子进行接打电话的礼仪训练。接打电话的时间、语音、语调、语言内容不同,给电话另一端的人留下的印象也是不同的。接打电话的态度可以直接反映一个人的道德素养,一个家庭的教育水平。不恰当的接打电话方式常常会导致一个人错过人生机会。据调查,从小不会接打电话的人,长大后在与人相处和交流上也容易存在问题。

怎样打电话才是有礼貌的呢?

1.打电话前要做好思想准备,想好要说的内容,如果内容比较多一时记不清楚,可以用纸笔先做好记录,便于打电话时有条理地说清楚事情。

2.选择通话时间。一般用餐时间或休息时间不宜打电话,如果有急事必须打,在通话开始前一定要道歉,通话时间要尽量简短,照顾对方的时间安排。如果事情比较复杂,一时说不清,可以约好对方时间再打电话。

3.通话时要注意礼貌,电话接通后应先向对方问好,如果是首次拜访或久未联系,最好先做简单的自我介绍,再说事情。通话时语言要注意简洁明了、语速适中。如果要找的人不在,可以请对方转达下信息,或与对方约定时间再联系。通话结束时要礼貌说再见。

接电话的礼仪是怎样的呢?

1.电话铃声响起后要及时接听,接通电话后要礼貌说"您好"。如果接电话迟了,要表示歉意,说"让您久等了,对不起"。

2.接到电话后如果想了解对方身份,可以说"请问您是哪位?"

3.接电话的时候要集中注意力,听清对方说的内容,不能三心二意,重要的事情尽量用纸笔记录,然后重复一遍与对方核对。

4.如果是代接电话,可以请对方稍等,再通知家人,通知时不应大声呼叫,而应走过去叫或者遮住听筒轻声叫。如果对方要找的人不在,要主动询问是否有急事,记录下来要转告的事情。

5.如果是接到打错的电话,应和气告诉对方打错了,不能粗暴应对。

6.电话结束时,一般让对方先挂自己再挂。

妈咪魔法棒

1.孩子小时候就会对打电话特别感兴趣,会主动模仿我们打电话,我们陪着孩子玩的时候就会把一些电话礼貌用语融进去。

2.我们会设计一些打电话的情境,让孩子进行游戏演练。比如邀请某某参加生日会、拜年、出去玩、转告重要的事情等。引导孩子表达几次后,他也就知道不同的情境下该怎么进行电话沟通了。

3.打电话的时候,我们一般也会要求孩子坐姿、站姿端正,不要趴着或者躺着,要像面对面交流一样表示尊重。

4.会主动把电话给孩子,让孩子给亲友打电话问候。

小贴士

关系亲密更要注意电话礼仪

很多人总是对外彬彬有礼,对家人或好友反而不注意细节。其实越是亲密的人越要注意接打电话的方式及语言,这样才不会在不经意间伤害到我们爱的人。

6 有困难时会求助

案 例

镜头一：

有了手机导航,自助游方便极了,不过碰到巷子多的时候也要挠头,明明就在附近,可跟着"小三角"转来转去,就是到不了目的地。这不,娜娜带着 7 岁的儿子乐乐都转得垂头丧气了。该怎么办呢?

"鼻子底下就是路,乐乐,给你个锻炼机会,你去问问路吧。"娜娜说。乐乐爽快地接下了任务。

"诶,朱自清故居怎么走呀?""诶,大爷,朱自清故居怎么走呀?"乐乐逮着个大爷马上就奔过去问了起来。

"大爷不姓诶,这么没礼貌。"大爷瞅了乐乐一眼扭头走了。

大爷的一句话把乐乐说愣住了,他手足无措地扭头看着妈妈。紧跟着儿子的娜娜在后面捂着肚子笑翻了天。

"妈妈……"乐乐瘪着嘴巴,眼睛里的金豆子不停地滚落下来。

镜头二：

7 岁的思思和妈妈背包去旅行,回宾馆的路上她对妈妈说:"妈妈我渴了,我们去买饮料吧。"

"不行哦,喝饮料不健康,还有 10 分钟我们就到宾馆了,宾馆有水喝了,再坚持一下吧。"

"妈妈,旁边就是咖啡店。"思思实在觉得口渴极了。

"我们的预算里可没有喝咖啡的经费哟。"思思妈妈回答。

"那我可以去要一杯白开水吗?"思思问。

"那你自己去试试吧,我在门口等你,你要记得有礼貌哟!"思思妈妈说。

"漂亮姐姐你好。"思思踮着脚站在了吧台前。

"小朋友你好,请问你想点点什么?"

"嗯,很抱歉,我不点饮料,但是我又有点渴,请问你能给我的杯子装一点白开水吗?只需要一点点就好了。"思思扒在吧台边,眨巴着眼睛看着服务员小姐姐。

"嗯好的,没关系,把你的杯子给我吧。"服务员笑眯眯地回答。

"谢谢漂亮姐姐,再见!"思思开心地捧着装满水的杯子出了门。

专家锐评

两个小朋友寻求帮助,可结果大不一样。当孩子寻求帮助被拒绝时,家长要让孩子理解为什么被拒绝,不能因为别人的拒绝而对他人产生怨恨或者引起自卑、自责情绪。一般向他人请求帮助的时候,态度要谦虚恭敬,要根据对方的身份给予尊称,要用"您好"向对方打招呼,用"谢谢"向对方表示感谢。有些求助,因对方有心无力或者无能为力而被拒绝,孩子要能接受被拒绝的结果,同时仍要向对方表示感谢。

此外,很多家长在教育孩子的过程中会过于强调自己的事情自

己做,往往容易忽视对孩子寻求帮助的需求。有的孩子反而会因为自尊心过强,耐挫力不够,往往不愿意求助,认为求助行为在别人看来表示的是"我不行、我不会、我不棒",进而选择逃避。其实人在成长的过程中为达到目标,仅仅依靠自己的努力是不够的,需要借助外力。我们要培养的是有主见、思想独立的孩子,与培养能够寻求正常帮助孩子的目的是不相悖的。

学会向别人求助,也是一种生存技能。相反,从来不麻烦别人虽然是一种很好的教养,但也有可能成为一个"依赖无能者",常常伴有"逃避人际交往"的倾向,他们寻求帮助的时候往往伴有强烈的不安或者羞耻感,往往无法与他人建立稳固而深刻的人际关系。因此,学会有礼貌地寻求帮助可以让孩子终身受益,教会孩子解决困难的方法,让孩子更具有韧性。

教孩子求助,家长要对孩子进行以下引导:

1.教会孩子使用求助的礼貌用语。

2.给孩子分析怎样的情况可以求助,怎样的情况可以通过自己的努力完成。

3.日常生活中带孩子玩思维训练或头脑风暴游戏,帮助孩子养成爱思考的习惯,锻炼他们解决问题的能力。

妈咪魔法棒

1.在生活小事上,我会经常向孩子寻求帮助,一方面是让孩子做力所能及的事情,一方面是让孩子感受到他的存在价值,感受帮助家人的愉悦。

2.当孩子向我们寻求帮助时,我们会根据实际情况进行判断,他可以自己完成的,我们会鼓励他,当他确实需要我们家长协助时,我们会帮助他,并纠正他的语言表达,比如你好像忘了说"请";比如慢慢说,能不能换一种方式说;此外,还会教育孩子不要提超出别人帮

助范围的请求。

3.平时我们会选择一些有关助人为乐的故事讲给孩子听，让孩子知道怎样向别人提供帮助，助人为乐应该不求回报。我们也会告诉孩子当别人向自己请求帮助，而自己却帮不上忙的时候，可以礼貌拒绝，不必因拒绝而过于自责内疚。

小贴士

害怕求助的根本原因是缺乏自信

很多人在需要寻求帮助时选择退缩，一是心理上害怕被拒绝；二是害怕影响自己在别人心目中的形象，所以隐瞒自己的困境；三是语言表达能力不足，沟通能力缺乏，不能把自己的真实想法说出来。

⑦　喊外号、说脏话，这样不礼貌

案例

小区里面孩子多，皮孩子熊娃娃也不少。喏，下雨没带伞的王伯伯又被一群在架空层游戏区里玩的熊孩子气得哭笑不得了。"光光西瓜头，下雨不用愁；人家撑雨伞，西瓜头抹油！"带头喊得最大声的是刚上一年级的果果。"你这皮猴子，我告诉你爸爸！"

电梯里，果果妈妈碰见了拿快递的王伯伯。"王伯好，拿快递呀？买了什么好东西呀？"

"假发！"王伯还没说话呢，问题就被果果抢答了。王伯乐呵呵的脸"刷"地变了，他板着脸出了电梯。"对不住啊，王伯，孩子没礼貌。"果果妈妈觉得实在是太尴尬了，赶紧冲着果果训斥："回家收拾你！"

"叮铃铃"，门铃响，老师来家访。

"你们家果果呀,学习上还不错,脑子转得快,但是最近有个坏毛病,喜欢给同学起外号,班上每个同学,他都给取外号了。就连所有的上课老师,他都没放过。果果还会说一些脏话,也不知道哪里学的。光靠我们老师教育呢也是不够的,希望你们家长也配合,大家一起把孩子教育好。"

"谢谢老师,您费心了,费心了,是我们没教育好孩子,回头我们

就狠狠收拾他!"果果爸爸听完脸都青了。

"别别别,别打坏了孩子,之前教过个孩子,叫王瑞瑞,和您一个小区,以前也是这样,他们家长的教育方法就很好,你和他妈妈应该是一个单位的,可以多交流下。"老师走后,果果爸爸赶紧拨通了王瑞瑞妈妈的电话。

专家锐评

果果这件事并不是个例,很多家长都遇到过这个问题。

生活中喊外号是比较常见的行为,但外号是一把双刃剑,合适

的外号可以让人觉得亲密无间,促进双方的感情,讽刺侮辱性的外号又会伤害他人的自尊心,破坏和谐的人际关系。喊人外号一定要考虑对方的性格,有的人比较内向,对喊外号非常反感;有的人自尊心较强,会比较敏感较真。此外,无论是好的外号,还是不好的外号,严肃庄重的场合都不能喊,在这些地方为表示尊重他人,最好还是直接称呼对方的姓名或使用敬语。

孩子爱说脏话又该怎么办呢?

有的家长刚开始的时候不以为然,等孩子脏话越来越多的时候就开始慌了神,不知道该怎么办了。极少数孩子无缘无故满嘴脏话,可能是患了"抽动—秽语综合征",碰到这样少见的情况,建议家长带孩子去看医生。绝大多数孩子刚开始说脏话只是模仿或从众,他们并不了解脏话的真实含义,只是觉得新鲜,然后到处炫耀;有的孩子是为了博取家长的关注;有的孩子是习惯性脏话,并非刻意骂人。当他们知道脏话的含义后,如果还是满嘴脏话,那么可能是有意识去表达自己的一些负面情绪、博取关注或者恐吓别人以保护自己,这时候让他们改就比较难了。

听到孩子说脏话,家长不能一味用责打来管教孩子,应冷静应对。

1.用平静缓和的语气告诉孩子脏话的真正含义,要让孩子理解说脏话是不文明的行为,人们对说脏话的行为是讨厌的,让孩子对说脏话有理性的认识。

2.教育孩子换一种发泄方式来表达情绪。

3.要帮助孩子戒掉脏话口头禅,当孩子依旧脏话不离口甚至伴有攻击行为,家长也要表达自己的气愤与痛心,并通过一定惩罚让孩子知道父母并不支持这一行为。

妈咪魔法棒

1.孩子爱给人取外号,我们会让孩子将心比心,给孩子取一堆外号,告诉孩子我这样喊你,你乐意吗?给孩子分析什么样的外号会让人讨厌,原因是什么。教育孩子不能讽刺他人的缺点。

2.当孩子说脏话的时候,我们会皱眉表示不喜欢,并直接告诉他。或者采用一些惩罚措施,比如禁闭反省或者取消看动画片的时间等等。让孩子知道说脏话不但不能达到目的,还会损伤自己的形象,并且会受到惩罚。

3.在孩子戒除脏话期间,我们会对孩子的言行进行关注,当他说脏话了,我们会让他换一种方式把想说的话说出来,假如一段时间没有说脏话,我们会给予孩子一些小奖励。

小贴士

低龄孩子说脏话的原因

1.因为好奇而模仿。
2.为了逗其他人开心或引起其他人注意。
3.发泄不满情绪。

8 探病礼仪我知晓

案例

亮亮的表哥小超骑车摔了一跤,骨折了。周末到了,亮亮妈妈带着他去医院探望表哥。

"小超呀,姨妈看着都心疼死了,"亮亮妈妈说,"怎么就这么不小心呢,把自己伤成这样。我给你炖了汤,一会都喝了。"

亮亮也凑上前对表哥说:"表哥,你可要养好了,养不好就是瘸子了。以后走路一扭一扭的,哈哈哈哈。"说完扭过头对盛汤的妈妈说,"妈妈,你说我皮,你看表哥比我更皮吧,他的腿都摔骨折了,我就不会,我从那么高的地方跳下来都没事。"

"你个熊孩子,怎么说话的!"亮亮妈妈抡起勺子作势往亮亮头上敲。

小超的妈妈赶紧拦下来:"哎呀,孩子小嘛,说话不长心。"

小超的姑姑带着他的堂妹雯雯也来了。"舅妈好,阿姨好。"雯雯一来就向长辈们打起了招呼。"表哥你还痛吗?""这是我和妈妈一起做的蛋糕,希望你早日康复。""我妈妈说这里的医生水平很高,你一定会很快好起来的。到时候我们又可以一起去玩了。""你要记得听医生的话哦,要按时吃药呢。"

亮亮妈妈听了雯雯的话不由叹气,都是 8 岁的孩子,雯雯怎么就这么会说话。

专家锐评

亮亮探病时说了一些不合适的话,让表哥不太高兴,那么我们探病时该怎么说话,又有哪些探病方面的礼仪和注意事项呢?

探病时候,我们要对病人表达我们的问候和关心,最好对病人说一些积极、鼓励的话,不然会影响病人的心情。关于探病的礼仪和注意事项主要有以下几方面:

1.探病时要选择合适的时间,且时间不宜过长,要让病人多休息,所以探病时最好要避开吃饭或休息时间,探病时长尽量控制在15分钟左右,如果和病人关系很好,可以稍微多陪一会儿,但尽量不要干扰病人休息和治疗。

2.探病时要着装整洁干净,表示郑重,去的时候要考虑病人情况选择合适的慰问品。比如,不宜送钟、菊花这类有忌讳的物品,也不宜送一些气味重或病人不好处理的摆设或食品。

3.探病时可以询问病人家属病人的身体情况,可以问问病人的感觉和需要,要多倾听,宽慰病人,让病人安心休养,争取早日康复,诚恳询问病人有什么需要帮助的,能否帮上忙,说话时声音要轻柔,不能流露出沉重、悲伤的表情。探病的时候不要因好奇乱走乱逛,乱动病人的药品或医疗器械。

4.对于关系好的病人或重病的病人可以多次探望,或隔几天电话联系一下,有助于病人情绪稳定和病情康复。

妈咪魔法棒

1.家里有人生病了或者哪里不舒服,我们会让孩子在家中尽量保持安静,告诉他家里有病人我们要注意哪些方面的事情,告诉孩子照顾好自己,不要再增加我们的负担。

2.会安排孩子做一些力所能及的事情,比如长辈生病了,会让孩子给长辈端茶倒水或喂饭,叮嘱长辈按时吃药。让孩子每天向长辈问安、聊天、讲笑话。有时候长辈住院,我们也会每天让孩子和长辈视频通话,并定期带孩子去探望。

3.亲朋好友生病住院,我们有时候也会带孩子去探望。一方面让孩子了解要重视身体健康,另一方面让孩子从小了解些人情世故,探病礼仪和探病注意事项。

4.孩子生病了,我们会提醒孩子出门要戴口罩,如果是打喷嚏,要注意不能对着别人打,以免把细菌传染给别人。最好是转过身打喷嚏或者对着自己的腋下或胳膊肘打。擤鼻涕要用纸巾包住再扔掉。要勤洗手,避免病菌传播。

小贴士

探病时不宜结伴同行

多人同行探病,容易污染病房的空气,也容易影响医护人员工作,如果病房里有其他病人,也会影响其他病人休息。

⑨　让我衷心祝福你

案例

场景一:

"辉辉,快给外公拜年哟!"妈妈说。

"外公新年快乐,外公红包。"辉辉拿完红包头也不回说完就跑了。

妈妈觉得愧疚极了。

场景二：

"根据评分,今天的绘画比赛,阳阳获得了第一名,我们一起给阳阳鼓掌吧!"老师热情地在讲台上宣布。

"阳阳你画得真棒!""阳阳,你好厉害!""阳阳,你画的小鸟好有趣耶!""阳阳你画得太好了,你能教我画吗?"下了课同学们纷纷凑到阳阳面前和他说话。

"恭喜阳大师。"同桌许多多酸溜溜地说,"要不是我那天请假了,我说不定也能拿第一。"

"嗯,你一定可以。"阳阳笑着回应。

"你看,你这里都画歪了。"许多多说。

"哦。"阳阳应了声。

"你看,你这里颜色也涂出来了。"许多多继续说。

阳阳不吭声了。

"也就一般嘛。"许多多歪着脑袋对阳阳说,"你说是吧。"

阳阳心里觉得别扭,不想和许多多说话了。

课间活动时间,原本形影不离的两个人也没在一起玩。

放学的时候阳阳碰见许多多的妈妈。"阳阳,你看见我们家许多多了吗?""没看见。"他闷声回答后低头走了过去,不像以前一样大声喊阿姨好了。

"许多多,你和阳阳闹矛盾了?"许多多妈妈回家后想想觉得不对劲,问了起来。了解前因后果后,她要怎样才能帮助许多多和阳阳化解这个矛盾呢?许多多的问题又出在哪里呢?

专家锐评

场景一中,孩子存在的问题主要在于说祝福语的时候不走心。场景二中,孩子存在的问题在于潜藏的嫉妒心理,祝福显得没有诚意。面对这样的问题家长该怎么办呢?

针对场景一,家长可以增加一些孩子的节日意识,每一个节日都是民族文化和历史的表现。

在过节时,家长可以给孩子讲述一些与节日有关的传说、风俗,让孩子品尝一些节日美食,念念与节日有关的诗词,培养孩子关于节日的礼仪。带孩子参加家庭或朋友间的节日聚会,通过一些传统节日具有仪式感的活动,让孩子感受节日氛围,了解节日意义,加强孩子的文化认同。当孩子沉浸在节日里有仪式感的各项活动里时,他对节日的感受会不断地深化,祝福的意愿也会由心而发。

针对场景二,家长要帮助孩子了解嫉妒心理和情绪,正视自己的内心,克服这些问题,然后真诚面对他人。

当孩子嫉妒他人的时候,家长应接纳孩子的不良情绪,分析引起孩子嫉妒心的原因,然后帮助孩子疏导,引导他认识到人与人之间的个体差异,接纳他人的优秀,同时不断地提升自己。当看到他人优秀时要认同,并由衷赞美并祝福,这样也是对自己的一种激励,更是高情商的体现。

妈咪魔法棒

1.节日的前几天我们就会给孩子预热,让孩子看看日历,数数日子,期待节日快点到来,我们会告诉孩子,节日的时候我们会和哪些家人朋友相聚,要向其他人送祝福。

2.在节日的这一天,我们会很郑重地向孩子送祝福,孩子看着我们认真的态度会感受到真诚,他们也就会模仿了。

3.亲友过生日的时候,我们会和孩子一起准备生日礼物,或者让孩子自己准备一份生日礼物。当他用心准备的时候就会融入自己的情感。

4.我们自己工作中取得了好成绩,都会在家里小小的庆祝一下,互相说一些鼓励的话。当周围人取得好成绩的时候也会在家里吃饭的时候聊一聊,在孩子面前说的时候都是正面的引导,比如"某某这次获奖了,真为他高兴!"这样一来他也会懂得欣赏周围的人了,并且自己努力向他们看齐。

小贴士

大方接受祝福也是礼仪

当别人向自己表示祝福的时候要大方地回应,如果觉得害羞,可以微笑点头致意。扭扭捏捏地躲着或当作没听见反而显得非常没礼貌。

小　结

会说话的孩子惹人爱

说话人人都会，可把话说好，招人喜欢却并不容易。俗话说"一句话让人笑，一句话让人跳"。比如想提醒对方头皮屑很多，直接说会让对方觉得尴尬下不来台，可是若说你头上"智慧的雪花太多了"，则会让对方开怀大笑。

和会说话的孩子相处是件非常愉快的事情，他们常有哪些表现呢？

会说话的孩子常常见人会礼貌地打招呼，懂得感恩，会说"谢谢"，性格开朗活泼，人际关系良好，自信心强。他们能根据场合与对方身份来确定说话内容和说话方式，说话时他们会考虑别人的感受，知道哪些话可以说，哪些话不能说。

当聊天没什么话题时，他们会从个人兴趣、近况、最近新闻、周围的环境上找一些让对方感兴趣的内容来打开聊天的话题，说话时候他们会注意对方的情绪状态，当对方不太感兴趣的时候能及时转移话题或终止话题。并且他们说话时会注意根据环境来调整音量大小，既能让对方听清，又不会干扰到其他人。同时他们也善于倾听，别人说话的时候他们不会随意打断，会用眼神和手势自然大方地与对方进行交流，并能够用眼神或语言鼓励对方继续说下去。

倘若自己的孩子性格内向，不爱说话也不用担心，只要懂得沟通禁忌，掌握沟通的礼仪，善于倾听也是招人喜爱的。

第二章

让孩子举止有度

小测试

你的孩子行为有礼、举止有度吗？

请您仔细阅读,并根据孩子的实际情况,回答下列问题,答案为"是"则得 1 分,答案为"否"则不得分。

1.站有站相,坐有坐相,走路挺拔,仪态大方。　□是　□否

2.与他人约会不迟到。　□是　□否

3.进餐时,等大家坐齐后,长辈先吃再动碗筷。　□是　□否

4.不用手抓取食物。　□是　□否

5.嘴里有食物时不说话。　□是　□否

6.进餐时,不在菜碟中挑挑拣拣。　□是　□否

7.不用筷子、勺子敲打碗盘。　□是　□否

8.吃自助餐一次不拿太多,不浪费。　□是　□否

9.进门前会先敲门。　□是　□否

10.有客人来访,能热情招呼客人,请客人坐,给客人倒茶。　□是　□否

11.会与客人分享自己喜欢的食物或玩具。　□是　□否

12.做客时,不随意乱逛、不乱动主人的东西。　□是　□否

13.打招呼、说话时能看着对方的眼睛,交谈时会注意不堵住交通要道。　□是　□否

14.介绍他人或物品时掌心向上,手指自然并拢进行指示。　□是　□否

15.递送、收接物品时会起立,并用双手递送或收接。□是　□否

16.感谢他人时会鞠躬。　□是　□否

17.购物时,看到喜欢的东西会先征求父母意见,再

决定是否购买。 □是 □否

18.在需要排队的场合不插队,能安静等待。 □是 □否

19.超市购物时,不买的东西会放回原处。 □是 □否

20.不乱捏、乱摸超市物品。 □是 □否

21.在旅游景区、博物馆等地,不乱摸、不乱写、不攀爬、不破坏公物,有序参观。 □是 □否

22.景区遇他人拍照时会注意避让。 □是 □否

23.不过长占用公共卫生间,上完厕所后会冲厕所。 □是 □否

24.看电影、看演出时,能对号入座。 □是 □否

25.演出开始或电影开场后能保持安静、守秩序,不起哄。 □是 □否

26.别人通过自己周围时能礼貌让路。 □是 □否

27.会为他人的精彩表演鼓掌喝彩。 □是 □否

28.过马路时遵守交通规则。 □是 □否

29.不乱按电梯,不在电梯上蹦跳,不在手扶电梯上奔跑。 □是 □否

30.升国旗、奏国歌时,能立正,行注目礼。 □是 □否

 **测评分析**

如果以上问题所得分数相加在 25 分以上,说明您的孩子举止得体,行为有礼貌;如果分数在 15 分—25 分,说明您的孩子在这方面还存在一些不足之处,需要您的引导;如果分数在 15 分以下,说明您孩子在行为举止礼仪方面需要加强,在日常生活中,要抓住时机对孩子进行有意识的引导,帮助孩子成长。

① 我能站如松、坐如钟

案 例

小区里一群妈妈、奶奶们在聊天,东家长、西家短,说着说着就指着玩耍中的孩子们开始"掰扯"了。

"你看李锋家的文博,真精神,什么时候都是挺挺拔拔的,以后呀肯定有出息。"

"走路姿势也不错,和军人似的,看着就养眼。"

明明妈妈不由得看向自家的明明。那站着是吊儿郎当,坐着是撑胳膊架腿,活脱脱一副疲沓样。和文博一对比,简直不忍直视。

"明明,地上有钱捡呀?"明明妈妈问。

"没有呀。"明明摸不着头脑,妈妈怎么这么问。

"哦,那你盯着地面干吗? 数蚂蚁呀?"

晚上在家写作业,写着写着明明的下巴就搁在书上了。

"明明,你这是属狗的呀?"明明妈妈越看越气。

"不是啊,我属老虎呀。"明明搂着右腿膝盖坐在凳子上,身子往后仰。"你不属狗怎么用鼻子闻字呢?你这老虎不是狗也是只病猫了。你看人家文博,当心摔跤……"明明妈妈话音还没落下,明明的椅子就往后翻倒了。

晚上躺在床上,明明妈妈就想,如果明明也像文博一样就好了,该怎么把孩子扭过来呢?

专家锐评

形体姿态严重影响一个人的精神面貌,明明的形体姿势不佳问题在很多孩子身上都存在。孩子仪态不佳的原因可能是玩电子产品低头太久、久坐不起、背包过重、心理压力过大等,也可能是从小不注意姿势,加上缺乏锻炼,对应的肌肉力量不足。家长要及时关注这个问题,在孩子成长发育的关键时期,帮助他及时纠正。

孩子常见的形体姿态问题有圆肩驼背、脊柱侧弯、走路探颈、走路八字、肥胖等。不恰当的身体姿势,在日积月累下,不仅容易造成身体的损伤,造成疾病,更会带来诸多心理问题,如形体姿态不佳的孩子往往自信心不足,容易压抑自己,不愿意交朋友,严重的甚至有心理障碍问题。

对孩子进行形体训练有什么好处呢?又该怎样进行训练呢?

形体姿态也是一种身体语言,在不断向外界传递我们的思想、情感和态度,会通过特定的姿势来传达礼仪的信息。对孩子进行形体训练可以有效提高孩子的身体素质,促进他们骨骼发育,这也是一种美的教育,可以提升他们的审美能力及自信心,为未来进入社会打下良好的基础。

形体训练包括了多个方面,如站姿、行姿、蹲姿、坐姿以及手势等,只要通过一定的训练就可以改变孩子的诸多不良姿态,展现出仪态美。训练的方式也是多样的,可以有专门的针对性训练,也可以

通过跳芭蕾舞、健美操、艺术体操等实现形体的塑造。

妈咪魔法棒

1.孩子小时候形体姿势不好的时候,我们会通过一些游戏来让孩子进行形体方面的锻炼,比如告诉孩子现在你是小士兵,小士兵是怎样站的呢？怎样坐的呢？孩子会立马调整姿势。

2.路上看到身体挺拔、气质优雅的人,我们会提醒孩子,你看这个叔叔走路真神气,这个阿姨真有气质。

3.我们拍下孩子坐姿端正、走路挺拔的视频给他欣赏,有时候孩子姿势不佳时,我们会悄悄拍下孩子的照片,然后请他看看自己的姿势,是不是要注意调整一下。

4.在家里孩子坐久了会让孩子根据一些教程做些形体训练,比如靠墙站、俯卧撑等,一方面防止久坐疲劳,另一方面也可以锻炼下孩子的意志力。我们也会和孩子一起进行一些比赛,看谁坚持得更久。如果孩子因为累了而坐不直,我们会提醒他躺下休息一会儿。因为不好的姿势久了,对孩子骨骼发育影响很大。

小贴士

不良体态危害多

长时间的错误体态会导致身体出问题,这时身体就会向我们发出疼痛的信号。比如脊柱长时间弯曲会导致受力不均衡,可能带来椎间盘疾病及骨刺等。如果脊柱出现错位则会导致神经压迫引起更多疾病。

② 我会守时不迟到

案 例

　　几天前阿木、花花、乐乐和亮亮就约好了要一起去海洋馆看海豚表演。

　　"喂，亮亮，我们明天上午9点在小区门口集合，你要记得早点下楼哟。"阿木打电话告诉亮亮，让他千万别迟到。

　　第二天一早，阿木、花花、乐乐9点20分就到了小区门口，可是等呀等，等到9点40分亮亮都没出现。怎么打他的电话手表都没人接。

　　"都9点50了，估计有事不来了，再不走连中午场都看不上了。"乐乐说。

"那好吧,我们走吧。"阿木走之前还回头望了一眼。

亮亮去哪了呢?他窝在沙发上看动画片呢。

"亮亮,你不是和同学有约吗?"亮亮妈妈问。

"还早着呢,我看会动画片就下楼。"

"那你要注意时间哟!"

"哎呀,我知道,我知道。"

亮亮头也不回一直盯着电视哈哈笑。动画片里的汤姆猫正在看海豚表演,哈哈……太有趣了!"海豚表演?"亮亮回过神来,一看钟已经10点了。

"妈妈,你怎么不早点喊我!"等他冲到小区门口,保安大叔说阿木、花花、乐乐他们早走了。

亮亮垂头丧气地回了家,赌气地往沙发上一趴就开始呜呜哭,边哭边说:"他们不等我。"亮亮妈妈心想这次教训可真好,这回亮亮这个"迟到大王"可长记性了吧,不过该怎样和亮亮讲道理呢?

专家锐评

亮亮不守时,错过了海豚馆的表演,心中懊恼无比,亮亮妈妈首先应以同理心来安慰亮亮:"妈妈知道没看成海豚表演你心里一定很难受对不对?你迟到了,但是还是想如果阿木、花花他们多等你一会儿,你就能赶上了,是吧?"等亮亮情绪稳定后,妈妈再和他分析:"如果阿木和花花他们一起等,那么大家都会错过表演,事情会变得更糟糕。"最后,妈妈分析道理:"我们来想一想这次问题出在哪里呢?虽然起得早,但是因为看电视,没有注意到时间,以后我们吸取教训,每次约定都准时好不好?"

守时是人际交往中的重要礼仪,准时赴约表示对对方的重视和尊重,可以给他人留下良好的印象。并且诚信和守时这两个概念经常会被人们在脑海里无意识地联系起来,认为守时的人一般都是可

靠诚信的。人们普遍认为高素质的人一般时间观念会比较强,并且懂得利用时间。因此家长要从小教育孩子认识时间,守时、惜时,从小培养孩子的时间观念,可以通过与时间有关的故事让孩子重视时间和效率;通过时间管理,让孩子变得自律,做事不拖拉,不拖延。

1.帮助孩子设计日程表,规划时间。

2.让孩子学习时间管理的方法。将事情分为紧急的事情、重要的事情、紧急又重要的事情、不紧急也不重要的事情来处理。

3.给孩子设计奖励措施和惩罚措施,监督孩子根据日程来安排时间。

4.及时总结每日、每周、每月因为时间管理而取得的进步。

妈咪魔法棒

1.孩子小时候,我买过一些不同时间的计时沙漏,孩子刷牙、游戏、看电视的时候,把沙漏放在旁边,他会对时间的流逝有直观的感受。

2.和孩子出去散步,我们会试试 5 分钟、10 分钟、20 分钟可以走多远,乘车、乘地铁又是怎样的,多少分钟可以到哪一站。让他感受时间和距离的关系。

3.孩子更大一些后,我们会做具体的时间规划表,什么时间是吃水果时间,什么时间是电视时间,什么时间是阅读时间等等。每天下来,他对自己的每日生活心里都有底,可以比较有秩序,也知道到了时间要做什么。我们一般也会提前几分钟对他进行提醒,让他心里有一些概念,有的时候孩子还想玩会和我们商量下,我们也会稍微调整一下,这样孩子自己也觉得爸爸妈妈是宽容的,不至于哭闹要赖。

4.关于时间的价值,我们有时候会和他比赛,让他体会到争分夺秒的感受。也会给他看看田径比赛,让他理解也许就是那 0.01 秒的

差距结果却迥然不同。有时还会给他讲讲不守时的坏处的故事。

小贴士

感到压力时易迟到

迟到可能是一种面对恐惧时的逃避心理导致的。心理学家发现,迟到的坏习惯往往是在学龄儿童第一次体验到竞争时产生的。

③ 我能有秩序排队

案例

每到周末,公园的游乐区里就会排出好几条长长的队伍。

5岁的隆隆最喜欢玩的就是碰碰车了,隆隆妈妈说:"我去边上买两瓶水,你先站在这里排队好吗?""嗯。"隆隆答应了妈妈,可远远地看着碰碰车,他心里直痒痒,他不由自主地离开了排着的队伍,走到了碰碰车游乐区的围栏边上。

他看得入迷了,啊,到下一场了,可是自己原先站的队伍变得更长了,之前自己是站在哪里的呢?他把长长的队伍从头上看到

尾巴上,又从尾巴上看到头上,对了,好像前面是个抱娃娃的阿姨。他赶紧挤了进去。

"你怎么插队?"后面抱孩子的阿姨不高兴了。"我没插队。"隆隆说。"你插队了,后面的小朋友们和家长一个个都不高兴了。"阿姨说。"我本来就站这里的。"隆隆嘴上犟着,心里却有点发虚。"怎么了?"妈妈买水回来了。"我们本来就站这里的,刚刚去买水了,别看见没大人就欺负孩子啊!"不明就里的妈妈怼着其他游客。听见争论,前排抱孩子的阿姨回过头来,解释了下:"他之前是站这里的,没站半分钟,就跑开了,刚刚又跑回来了。要不就站我这里吧,我宝宝要尿尿,一时玩不成了,让这孩子玩吧。"隆隆妈妈的脸"腾"的红了,讷讷地说了声"谢谢",赶紧和大家说了声抱歉。隆隆可不觉得尴尬,一上车就玩开了。可隆隆妈妈心里却一直在想:怎么才能和隆隆讲清楚排队的道理呢……

专家锐评

现代生活中,排队是常事,孩子出门次数多了,一般内心都会形成一种粗浅的公共秩序的意识。但孩子排队的时候难免无聊,有的时候他会四处看看,有的时候他会跑开。这时就需要家长和孩子做些交流,告诉孩子排队的意义、怎样排队,排队无聊时可以做些什么。

排队有什么意义呢?

排队是我们日常生活中不可缺少的一部分,可以维护公共秩序,提高办事效率,比如排队购物、乘车,可以避免拥挤踩踏,可以用公平公正的方式让大家更快地达到目的。而且排队有助于培养我们的谦让意识和礼貌行为。

排队应该怎么排呢?

要讲究"先来后到"的原则,不能看到熟人在前面就跑去插队,也不能让别人插自己的队。排队时要注意和前后的人保持一定的距

离,避免拥挤、踩踏,保护个人隐私。如果排队过程中需要短暂离开,可以和后面的人商量下, 对方同意后返程可以在原处继续排队,如果后面的人不同意,应从队伍末尾重新排队。

排队的时候孩子可能会不耐烦,可以和孩子借着排队的机会轻声聊聊天,可以引导孩子观察周围的环境布置及周围的人。

妈咪魔法棒

1.以身作则地教孩子排队。

2.孩子排队久了难免会不耐烦,我们会指指周围的环境让孩子观察,玩个小游戏打发排队时间。

3.孩子再大一点的时候,有时候他自己排队,我们告诉他,如果不耐烦了可以在心里背背诗。

4.我们会告诉孩子,排队不说话的时候也是自己安静独处的时候,可以想想自己最近的时间安排,接下来要做什么事情,思考下最近哪些地方表现得还不够好,怎么做得更好。

小贴士

自觉排队日

北京市政府自 2007 年 1 月 18 日起,将每月的 11 日确定为"自觉排队日"。意为两个人就像"11"一样按顺序排列。排队看似简单的个人行为,却体现着社会成员的价值认同。在一个文明城市之中,排队不仅意味着对公平秩序的遵守与履行,更体现着一种对社会资源的分配原则,对效率的合理追求和对他人权利的尊重。

④ 吃饭礼仪我知道

案 例

　　天天的妈妈带着7岁的天天去参加朋友聚会。菜还没上齐呢，天天就忍不住了，看着美食，天天一会嚷嚷着妈妈我要吃这个，妈妈我要吃那个。大家都还没来呢，天天妈妈怪不好意思的，让天天再等等。天天用筷子敲着碗盘一直喊："我要吃香菇，我要吃香菇。""没事，让孩子先吃点吧。"做东的王姐招呼天天想吃什么直接夹。

　　不一会儿，大家都来齐了。正式开席，大家推杯换盏好不热闹。圆桌上的转盘转呀转，可天天最爱吃的香菇刚转到他身边，又转走了。天天站了起来，扒着转盘转得飞快。"你想干吗？坐下来！"天天妈妈觉得就不该带这个"捣蛋鬼"出来。

　　夹了一碗菜，放天天面前，天天妈妈觉得总算可以安心和闺蜜们继续聊会了，可是没一会儿，天天又开始皮了，刚开始他还只是把各种菜往自己碗里舀，可没多会儿，他拿着汤勺，把汤一会舀到这个菜里，一会舀到那个菜里，一会把这个菜浇点其他菜汤搅一搅，一会把那个菜挖一勺到这里搅一搅，一会还把撕碎的纸巾扔进菜里。旁边的阿姨们看得目瞪口呆，这饭可是没法吃下去了。天天妈妈忙吼："你在干吗？"天天被吓了一跳，转身笑着献宝一样对妈妈说："妈妈我是厨师，这是我做的菜！"。阿姨们纷纷说道："孩子吗，天天长大当厨师哈，开个大饭店，阿姨要来吃你烧的菜！"可天天妈妈觉得简直没脸见人了，她赶紧说："今天我买单，重新上几个菜吧！"

专家锐评

天天饭桌的表现让妈妈头疼极了,该怎么办呢?餐桌是我们生活中最直接最重要的社交平台,进餐时的言行举止最能表现一个人品行和教养。餐桌礼仪有哪些内容呢?

1.餐前洗手,帮助家人布置碗筷。碗筷布置好后,可以邀请长辈入座,等所有人到齐,长辈动筷子后再开始吃。

2.吃饭时要对做菜的人表示感谢。

3.吃饭时嘴巴里有食物的时候不说话,要细嚼慢咽。

4.吃饭时不要挑食,不可以敲碗筷,不能大声说话。

5.吃饭时要尽量吃干净,不要浪费,珍惜粮食。

6.吃完饭后如果要先离开,要向还在用餐的人说"我吃好了,大家请慢慢吃",然后把凳子推回原位后离开。

7.吃完饭后可以帮助收拾碗筷、清理餐桌或洗碗。

妈咪魔法棒

1.在孩子小时候我们就开始让孩子自己吃饭,尽量不喂,也尽量换着花样做菜让他不挑食,多吃一点,吃饭的时候也不开电视,让他认真享受食物带来的快乐。

2.孩子有一段时间会很喜欢用勺子舀汤玩,我们直接说不可以。告诉他吃完饭可以给他装些水,让他在卫生间舀着玩,但是餐桌上不可以。也不可以浪费食物,把菜弄得到处都是。吃饭的时候不要拿头就碗,尽量把碗端起来吃饭,夹菜的时候如果夹不到可以请妈妈帮忙,不能站起来或者爬到桌上。吃饭的时候也要尽量不让自己的衣服弄脏。吃完饭要擦嘴巴。

3.孩子有了些数字概念后,我们就会让孩子帮忙拿筷子,分筷子,喊爷爷奶奶吃饭。吃饭前会问问孩子要感谢谁。再大一点,我们会让孩子帮忙做一些厨房的家务,让他知道做出一桌饭菜并不容易。

4.我们会找一些合适的机会带孩子外出就餐,去之前会提醒他各项进餐礼仪,而且出去吃一般会比在家里的菜更丰盛,所以他也会好好表现,争取下一次机会。

小贴士

用筷子的礼仪

发筷子的时候,要理顺了一双双轻轻放在碗的边上。距离远的时候要传递过去,不能扔过去。用筷子敲碗盘是不礼貌的行为。说话的时候不要挥筷子。放下筷子的时候或者筷子不好拿的时候不可以把筷子插在饭碗中间。

吃饭时不能拿着筷子在菜盘子上空来回巡视,如果是有转盘的桌子,夹菜的时候不能乱转转盘,要关注其他在夹菜的人,等其他人

夹完了，再慢慢转动转盘，尽量夹转到面前的菜。夹菜的时候不要在菜盘子里不停地翻找，伸出筷子后夹面前盘子二分之一或者三分之一位置的菜，动筷后夹到什么就是什么。夹菜的时候手要利落，不能把菜汤滴落在其他菜里或者桌上。如果要给其他人布菜，不要用自己的筷子，要用公筷、公勺。

⑤　做客礼仪我知道

案　例

　　5岁的跳跳跟着妈妈到大表姐家去做客。表姐家里真漂亮，摆满了从世界各地带来的旅游纪念品。几个月没来，跳跳又看见了好多没见过的东西，他这个也想摸摸，那个也想摸摸。架子上有个水晶球，特别漂亮，里面还有雪花在飘呢。跳跳站在沙发上，准备把旁边架子上的水晶球搂下来。"跳跳！"妈妈发现了赶紧制止他。跳跳刚搂着水晶球还没抱稳就吓了一跳，左手一放，水晶球"啪嗒"掉了下来，又从沙发上砸到了地砖上。右手一抢，水晶球原本位置边的几座奖杯"哗啦"从架子的另一边倒了出去，瞬间一地狼藉。

　　"没事没事，孩子嘛，没见过的要看稀奇，碎碎平安哈。"大姨赶紧打着圆场，"去楼上房间里面找姐姐一起玩吧，我来收拾。"看着妈妈要打人的样子，跳跳赶紧逃开，上楼钻到了姐姐房间里。

　　打开姐姐房门，就传来了节奏强劲的音乐。"姐姐，我们一起跳舞吧。"跳跳钻进房间就爬到姐姐的床上开始蹦，"我们一起跳舞咯！"跳跳一边跳，还一边拿起姐姐的陪睡玩偶们满天扔，扔完玩偶扔枕头、扔靠垫。"妈……"表姐的尖叫声简直要把房子给震穿了！

　　跳跳大概会被全体亲戚列为"拒绝来往对象"吧！把跳跳塞回车里踩油门回家的跳跳妈妈头痛极了，得赶紧回家教教跳跳怎样去别人家做客了。

专家锐评

跳跳这样的孩子在生活中并不少见。每逢节假日,亲朋好友间就会相互走动,孩子若是不懂得做客礼仪,那就容易变成被人嫌弃的熊孩子了。教给孩子的做客礼仪有哪些呢?

1.进门前要按门铃或礼貌敲门,一般轻轻敲几下后,稍作等待再继续敲几下。即便主人家的门是打开的,也要在门上敲两声,告诉主人我们来啦,待主人允许后再进门。若是主人在忙,可以稍微等待一会儿。

2.进门后要向主人和主人的亲友问好,当主人递零食或玩具的时候要站起来双手接住,并表示感谢。主人问话时要想好后认真回答,不要紧张害怕,要充分尊重主人,不能说让主人觉得难堪的话。

3.在主人家要注意自己的形象和行为举止,孩子要注意看妈妈的眼神,妈妈不允许的行为要立刻意识到可能是不礼貌的,要及时停止或调整,问妈妈哪些行为是允许的,自己可以做什么、玩什么。

不要任性哭闹,进餐时要注意进餐礼仪。

4.在主人家里不要东张西望,到处攀爬、跑动,也不要在主人家追追跑跑打闹,更不能在主人家的床上翻滚、蹦跳。如果主人家有人在休息,要注意保持安静。

5.不能随意动主人家的物品,即便非常好奇或喜欢。如果主人允许可以看一看,但千万不能损坏或因为过于喜爱而据为己有。

6.当大人交流时,不要插嘴或显示出极不耐烦要回家的态度,可以带本自己喜欢的书或者带个玩具在身边,也可以和主人家的孩子一起玩。

7.告别的时候要对主人的款待再次表示感谢,并热情邀请主人下次到自己家玩,出门时要向主人一家说再见。

妈咪魔法棒

1.孩子小时候,我们会玩小动物过家家游戏,分角色扮演主人和客人。从敲门、招待到告别,我们都会有意识地引导孩子,注意待客礼仪和做客礼仪。

2.每逢周末,我们会带孩子去外公、外婆家,让他熟悉除了自己家以外的其他环境,对做客充满期待,不惧怕陌生环境。

3.平时,我们会讲和做客有关的故事,凡是听到一些熊孩子的故事,我们都会有意识的和孩子聊一聊,和孩子分析这个小朋友哪里不对,我们应该怎么做。

4.我们会选择家里有同龄孩子的朋友,约好时间去做客。去朋友家玩之前我们会多次提醒孩子做客礼仪。当孩子表现无礼时,我们会及时提醒,纠正孩子。回来后,我们会问问孩子,觉得自己哪里做得比较好,哪里做得不够好。也会邀请朋友带孩子来我们家做客,让孩子当回小主人,热情招待自己的朋友。

小贴士

待客礼仪

1.客人来之前,要和孩子打招呼,等客人来了,我们要热情接待,要大声向客人问好。

2.客人进门后,作为小主人要请客人喝茶、吃水果,不能自己先吃,要等客人吃后自己再开始吃。

3.客人问话的时候作为小主人要耐心地认真回答,如果客人和爸爸妈妈在一起聊天不能随意打断。

4.不能在客人面前有不礼貌的行为或当着客人的面向爸爸妈妈提不合理的要求。

5.如果客人送了礼物给自己,要表示感谢,即便不喜欢这份礼物也要对客人的心意表示感谢。

6.客人告辞时要和客人道别,尽量送客人远一些,表示不舍之情,欢迎客人下次再来,可以送到电梯口或小区门口。

6 我是文明小乘客

案例

去外婆家要转两趟公交,候车的站台人可真多,13路总算摇摇晃晃开来了,强强一边喊着妈妈快点,一边使劲往里钻。"唉哟慢点!"刚准备刷卡的大妈被强强挤到了一边。有一对母女刚下车,腾出了两个位置。"妈妈坐这里!"强强一屁股坐了个座位,还用双手占了个位置给妈妈。刚准备坐下的一位老奶奶看着强强的样子摇摇头自觉地往公交车后面走去。强强妈妈赶紧喊住老人家,让强强让出个位置来,然后自己抱着强强坐好。

"妈妈,有人放屁。"强强突然闻到了股冲鼻子的味儿,左右一看是刚上车的一个大哥哥手里拿着两块饼,估计是韭菜味的。大哥哥一眼瞪过来,强强赶紧往妈妈怀里钻。

换乘时已过了早高峰,公交车上不那么挤了,强强和妈妈一起上了车,车上有好几个空位子。"妈妈我要自己坐。"强强自己跑到了座位边,一屁股坐上去,又扭着屁股,握着扶手爬着站在了位置上,要伸手抓吊环。发车了,"小心!"强强妈妈魂都快吓出来了。司机往后视镜里看了一眼,警告道:"小孩别乱爬,家长看着点,出了事情谁负责?都坐好别乱动!"强强妈妈心有余悸,坐个车都不能安生,回家要怎么教育他才好呢?

专家锐评

生活中处处有礼仪,乘车也不例外,强强在车上的行为不仅是不懂乘车礼仪,更没注意到乘车安全。妈妈一定要对强强加强乘车礼仪和乘车安全方面的教育。

1.公共场所,要讲究社会公德,要注意谦让,排队上车,上车的时

候要及时刷卡或投币,如果挤到或踩到别人要及时说"对不起"。

2.上车后不要争抢座位,有座入座,无座时要拉好扶手,不能站在座位或跪在座位上,不能一个人抱着扶手,扶稳扶手站稳后,要给其他乘客留出扶手的空间。

3.不在车厢内吃东西,以免受伤或污染车厢内空气。车内外不能乱扔垃圾,不能随意在车内或向车窗外吐痰。不能将头、手伸出车窗外。

4.看到有老人、孕妇等需要帮助的人上车,要知道让座。

5.准备下车时尽量提前一站走到下车的车门附近,扶好扶手,下车时候不要推挤。

妈咪魔法棒

1.孩子小时候我们会带他坐公交,让孩子刷卡或者投币,孩子有不文明行为出现的时候会及时制止,耐心地给孩子讲讲乘车礼仪和乘车注意事项,让他看看周围乘客是怎么做的,哪些行为是不可以的。

2.孩子坐车的时候容易不耐烦,一般我们会选窗口位子,让孩子观察车窗外的风景,让他说说看到了什么,转移他的注意力。

3.如果没有位置,别人给孩子让了位置,会让孩子大声说"谢谢"。

4.孩子小时候会在家里摆一排凳子,玩乘车游戏,我们会陪着一起模拟乘车时可能发生的各种状况,让扮演司机的孩子制止不文明的行为。

5.等孩子再大一点,我们强调的反而是等车的时候要站在候车线内,要排队、不要推挤、不要争抢座位,上车后注意抓牢扶手,保护自己的安全。上下车的时候要注意保管好自己的物品,不要落下。如果是下雨天乘车要注意不要让雨伞弄湿其他人的衣服。下车后,车没开走的时候不要从车头或车尾绕过去,因为司机会有盲区,可能看不到小朋友。如果等待的车错过了或者过于拥挤,可以安心等下一班车,不要着急,不要过于影响自己的情绪。

小贴士

乘坐交通工具注意安全

公交车、地铁、火车、飞机都是我们日常生活中的重要交通工具,家长需用专门的时间认真教育孩子关于乘坐这些交通工具的安全注意事项,让孩子知道基本的安全知识和碰到特殊情况该采取怎样的措施。

⑦　我是文明小顾客

案例

钟琴接到了许久未见的闺蜜电话,约见面聊聊。一见面她们就迅速地互相汇报着各自近况。饭吃了一个多小时,聊天却意犹未尽。

吃完饭,钟琴和闺蜜一起逛商场,不知不觉走到了儿童玩具区。

"妈妈,我要这个。"小橙子指着佩奇一家人过家家玩偶对钟琴说。"这个你有。"钟琴抬眼看了一下就拒绝了,这佩奇家里各种款式的都快一柜子了。"我要……"小橙子感受到了妈妈的拒绝。"我给孩子买吧?"闺蜜说。"别,你千万别,家里真有,放都放不下了。我们赶紧走。"

小橙子不肯走。往地上一坐开始嚎,边嚎边往地上躺,加上手舞足蹈的阵势把闺蜜吓了一跳。钟琴脸都青了。回到家,钟琴躺在床上筋疲力尽,都想不起自己是怎么把孩子弄回家的,以后每次出门都要好好教教小橙子购物的礼仪和规矩了,该怎么教呢?

专家锐评

钟琴在商场里碰上孩子大吵大闹非要买玩具,可真是尴尬极了,作为家长该怎样及时应对这样的场景呢?

进商场之前,家长要及时向孩子说一说期待的行为,比如,我们今天的目标非常明确,是陪阿姨逛一逛,我们自己不买东西,如果你看到喜欢的东西或者觉得需要的东西,可以告诉妈妈,我们记下来,写在想要礼物的愿望卡上面,等到节日时间到了,我们再根据孩子的表现来决定先实现哪个愿望,让孩子接受延迟满足。

如果孩子不依不饶哭闹就是要买,那么可以找一个安静的角落坐下来,和孩子聊一聊,理解孩子的迫切心理,让孩子说一说想要的理由,可以理解孩子,但不支持他的行为,也让他说一说自己的表现,让他反思自己的错误,让他把情绪发泄出来后,问他有没有情绪好一点,是不是可以回家了。回家后把心愿记录下来,再对孩子的行为给出惩罚,让孩子知道公共场合自己这样做是不对的。

去超市是我们生活中的一部分,孩子对这些地方充满了好奇,其实只要家长做好这些,那么带孩子去超市并不是一件困难的事情。

1.去超市之前要让孩子吃好、睡饱,满足他的基本生理需要,也可以带点小零食,避免孩子饿了的时候闹着要吃还没付款的食物。

也可以带上心爱的小玩具,让他在排队的时候玩一玩。

2.去超市之前,和孩子一起列购物清单,然后一样一样去寻宝,即有趣又可以避免浪费时间。

3.定下行为规则,根据孩子的行为表现,让孩子一次选一两样东西购买,和孩子约定,购买物品价格不超过多少。

4.让孩子帮助拿袋子、或者把东西放进购物车里。让他们有参与感。不需要的东西告诉孩子不能乱摸乱动。如果导购人员、收银员提供了帮助,要让孩子表示感谢,并说再见。

5.购物的时间不宜过长,购物结束后要感谢孩子的帮忙,给他一点小奖励。

妈咪魔法棒

1.小时候带娃去超市购物的时候,主要是教孩子认识常见的物品,让孩子和导购、收银阿姨打打招呼说说话,如果看到其他小朋友,也会让孩子和人家问问好。

2.出门去买东西的时候,我们都会先在家里写一个购物清单,也会问问孩子的需求,让他有参与感。一般孩子表现好,我们会在超市额外买一个小面包或者小饼干,作为孩子的奖励。

3.买东西时,我们会念念要买东西的价格,买完东西我们会分一点东西让孩子拎回来,让他有参与感,也锻炼他从小做一些力所能及的事情。到家后,会让孩子和我们一起对照购物清单一起整理一下物品,看是不是落下了什么或者算错了价格。

4.去超市前,我们还会额外强调各种安全注意事项,他记住后我们再出发!这样会让孩子觉得有点仪式感。

5.孩子大一些的时候,我们会教孩子辨别蔬菜的品相、怎样挑选水果,教孩子看食品的保质期,食品的成分表和含量,比较价格,选择健康的食品。

6.现在儿童乐园很多在大型商场,去之前我们一般都会和孩子交流,今天我们只能玩几个项目,大概几点钟要回家。先转一圈,确认玩哪几个项目,如果还有想玩的只能下一次。一般不买玩具,告诉孩子可以看看,但是不能买,如果一定要买要等到生日或者节日的时候。表现得好则过两周还能来玩,如果表现不好就要取消下次的机会。

小 贴 士

去超市的时候要注意安全

1.乘坐超市手扶电梯时要注意安全,不要把头伸出扶手外,不要在电梯上追跑打闹,要紧跟大人,不要在扶梯附近停留,不要攀爬扶手。

2.通过旋转门时要有序进出,不可以在旋转门附近玩耍。

3.孩子不宜坐在购物车内,以免头重脚轻发生侧翻事故。

4.超市内外的装饰可能会设计喷泉或灯带,要与之保持一定距离,不在附近玩耍,以免发生意外。

5.不要让孩子离开自己的视线,妈妈在选物品的时候一定要让孩子牵住自己的衣服。

8 我是文明小观众

案 例

"等彭彭大了,我们要去艺术剧院办张年卡,让她从小接受艺术的熏陶!"爸爸信誓旦旦地对妈妈说。彭彭转眼间就长大了,到了可以跟着爸爸妈妈一起去看演出的年龄。

　　"灯黑了,妈妈!"第一次进剧院的彭彭充满了好奇与恐惧,"我害怕。""别怕别怕,演出要开始了。"这是一部儿童剧,彭彭慢慢进入了状态,可是彭彭却总是和妈妈大声说话,那只小猪真蠢,小青蛙怎么这么奇怪……妈妈叫他小声一点,他却不以为意。等到大灰狼出来了,没看多久就说:"我要出去,我要出去……"彭彭妈妈回应:"等会儿小兔子就要出来了,好可爱的小兔子,你不是最喜欢小兔子吗?"彭彭犹豫了下暂时安静了下来。可没过几分钟她又说:"妈妈,我要回家,我不要看这个,我要回家……"前排的观众扭过头来看了一眼,彭彭妈妈感觉尴尬极了:"这里有你喜欢吃的酸枣糕,你边吃边看吧,等会儿你就会觉得好看了。"吃完酸枣糕的彭彭没多会儿又开始说话了:"妈妈我不要看了。"彭彭妈妈说:"你小声点。"可是彭彭反而声音更大地喊了起来:"我要回家! 不好看,不好看,我要回家!"彭彭妈妈慌得赶紧用手捂住了彭彭的嘴巴,说:"安静,安静,我们回家。"

专家锐评

彭彭第一次看儿童剧演出,没有什么经验,有些害怕剧场的陌生环境,也因为对表演形式和内容没有心理准备,因此很难坐得住,这时候妈妈不要强求,可以等孩子大一些再带他去看喜欢的表演。

观看演出是一项正式的活动,可以培养孩子的高尚审美情趣。由于舞台和观众存在距离,且表演有自己的固定程序或模式,大多数的演出中,除了开场和谢幕环节,演员与观众一般都不能直接对话,也不方便直接交流,因此观演礼仪是观众与演员在演出全程的主要沟通方式。演员可以通过观众的礼仪表现来最直接地感受自己演出的效果。在常规社交场合上,一般认为通过观演礼仪可以看出一个人的个人素养,因此家长在看演出前一定要对孩子进行观演礼仪的教育,让孩子做一个有礼貌、有教养的小观众。

观演礼仪有哪些方面呢?

1.应着装整洁,穿正式的服装,不能穿背心、拖鞋入场。

2.尽量提前到达,准时入场,入场前要提前上好厕所,中途尽量不要外出。

3.入场后要对号入座,不能随意更换座位。经过别人身边时要侧身踮脚,小声说"对不起",尽量不要碰到别人。如果迟到了要低头弯腰坐到自己的座位上,尽量不妨碍别人观看演出。

4.入场后家长要关掉手机,和孩子一起把注意力集中在演出上。

5.演出开始后要保持安静,不要和身边的人说话、讨论,以免影响周围的人观看表演。如果忍不住咳嗽、打喷嚏要捂住嘴,尽量控制音量。

6.不要站在座位上,不要用脚架在前面座位的椅背上。

7.演出准备开始时、进行到精彩部分、演员谢幕时要热情鼓掌。不要鼓倒掌、吹口哨、发出嘘声。

8.演出结束,要等演员谢幕后再离开。若是看电影可以听完片尾曲再走。

妈咪魔法棒

1.孩子比较小的时候,2岁开始,我们就会带孩子看一些适合孩子看的动物表演、小杂技,孩子会比较感兴趣,一般时间不会太长,15分钟左右一场,多去几次,他会知道一些简单的看演出的礼仪了。

2.等孩子大一些,5岁左右会带孩子看看手偶剧、木偶剧、儿童小话剧,孩子会比较感兴趣,去之前我们会在网上找一些视频资料,让他知道大概的演出形式,让他看看海报,期待演出到来。

3.孩子上小学后,学了些乐器、舞蹈了,我们就买一些交响乐或舞蹈方面的演出票,带孩子去看看,一方面激起孩子向往的心,回来后会更认真学习,另一方面让她通过实景演出,感受艺术带来的美与震撼。

小贴士

音乐会迟到怎么办?

音乐会演出对观众入场有严格的规定,演出正式开始后,会关闭所有的门,观众只能在外面等候,等到每曲结束后,在工作人员指引下才能入场。若因暂时不能入场应耐心等待。

⑨ 我是文明小游客

案 例

"等孩子长大了,我也不给孩子报什么兴趣班,到了周末就带孩子去旅游,去各地看看博物馆,这样比上兴趣班好。"中午吃饭的时候,汤虹听着怀孕的同事各种憧憬,心里冷笑,心想到时候你就会觉得还是上兴趣班省事了。自从上周带孩子出了趟门,她就觉得孩子还是怎么省心怎么带。

上周她带着孩子馒头去了趟杭州,8岁的馒头,精力实在旺盛,景区的人又多,眨眼人就不见了,让她魂飞魄散地找了好几回。到博物馆看展览的时候,人家都边看边走,他倒好,看到只甲虫标本就趴在玻璃上老半天。一些标本只用安全带围了一圈,他伸手够不着,钻了过去,还好发现得早,要不然他能骑上去。植物园里和他说了文明参观,不可以摸,不可以摘,晚上回来发现居然有一裤兜不知道在哪里薅来的小果子! 景区的雕塑,禁止攀爬,一不留神,他就坐到了雕塑的背上,都被保安撵好几回了。

汤虹想,谁不想让孩子得到快乐的教育呀,可自己这么多带几回,都要提前进入更年期了,怎样才能带孩子出门不用这么费神?

专家锐评

馒头是个活泼好动、好奇心强的孩子,带这样的孩子出门,妈妈一定要提前做好孩子的出行礼仪和规矩方面的教育工作。

读万卷书也要行万里路,带孩子出去旅游可以增长见闻,在日常生活中,可以从培养孩子的良好习惯开始引导孩子文明行为,然后对旅游方面的文明礼仪做一些针对性教育。如,在出行前家长可以提前和孩子聊一聊哪些是旅游不文明的现象,通过和孩子一起聊天、讨论,让孩子对不文明的行为加深印象,避免出行时犯同样错误。

旅行中的不文明行为,具体表现有哪些呢?

1.随地吐痰、随地大小便,乱扔垃圾。

2.在景区内随意攀爬、刻字,破坏景区花草树木。

3.在宗教场所追逐打闹,随意拍照。

4.上厕所不冲水,洗手时把水溅得到处都是。

5.浪费食物、霸占公共空间。举止粗鲁、小事过于情绪化刻意闹大,贪小便宜。

6.在公共场所吃有异味的食物,或脱鞋。

7.不遵守公共秩序,在需要排队的时候插队,推挤,争抢座位。

8.在公共场所高声喧哗,看视频、听音频时播放外音。

9.不尊重他人,不尊重旅游地区的民俗或风俗、不遵守当地法律法规。

旅游中的这些不文明行为,不仅影响个人形象,还会影响他人,对公共环境或旅游资源造成破坏,若在国外还会影响到国家形象。要让孩子文明旅游,在日常生活点滴中就要培养孩子的好习惯,有强烈的遵守规则的意识。

妈咪魔法棒

1.网上出现关于不文明旅游方面的信息时,只要看到了,我们就会把新闻读给孩子听听,让他知道这样不可以。

2.带孩子旅行,我们会明确告诉孩子哪些行为是可以的,哪些行为是不允许的。会给他读景区的宣传字牌,告诉孩子上面写的是什么内容,如禁止攀爬等,并给孩子解释。我们也会让孩子在旅游过程中观察,把他发现的不文明现象告诉我们。

3.当孩子大一些,带孩子出去旅行之前,我们会做好攻略,大致讲讲当地的风俗禁忌。出门后,我们会准备一些垃圾袋,让孩子负责收拾我们游玩过程中产生的垃圾,及时扔进垃圾桶里。游玩过程中,我们会让孩子作为代表,向为我们提供服务的工作人员表示感谢。报团旅

游的时候,会请孩子负责提醒我们时间,这样他自己也会有时间观念。

小贴士

游客不文明,会上黑名单

2015年国家旅游局依法制定了《游客不文明行为记录管理暂行办法》,这是一项黑名单制度,游客的不文明行为一旦被记录,旅游主管部门不但会通知游客本人,还会向公安、海关、边检、交通、人民银行等部门通报,将可能影响涉事游客今后的旅游行为。

小结

文明得体的孩子惹人爱

"播下一种行为,收获一种习惯;播下一种习惯,收获一种性格;播下一种性格,收获一种命运。"

生活中与行为有关的礼仪数不胜数,如在举行升旗仪式时,在国旗升起过程中,参加者应面向国旗肃立致敬。标准做法是:起身站立,双手下垂,神态庄严,聚精会神。又如在向他人做介绍的时候用手掌指示方位,而不是用手指指指点点;当别人递物品过来的时候要站立起来双手接物;敲门的时候要把握分寸;接待客人的时候要站立;使用公共设施要照顾到他人等等。

由此可见,礼仪并不是只在重要的节日或场合里才有,而是在我们的点滴生活中,家长应从日常生活入手,时刻注意提醒孩子应注意哪些行为是不恰当的,怎样的行为举止是有礼貌的,通过日常的累积,逐步提升孩子的修养。当你看到自己的孩子不管是在公共场合还是在家里,都是知进退、有礼节、整体形象优雅大方的样子,你的内心一定是非常满意的!

第三章

让孩子穿着得体、讲卫生

小测试

你的孩子会注意个人形象和卫生吗？

请您仔细阅读,并根据孩子的实际情况,回答下列问题,答案为"是"得1分,答案为"否"则不得分。

1.勤剪指甲。 □是 □否

2.眼角能保持干净。 □是 □否

3.不随地吐痰。 □是 □否

4.不乱擦鼻涕。 □是 □否

5.不当众抠鼻屎。 □是 □否

6.不当众挖耳屎。 □是 □否

7.打喷嚏、咳嗽时不面向他人,有条件时会用餐巾纸
遮住口鼻。 □是 □否

8.每天起床会梳头发,头发乱了会整理。 □是 □否

9.勤洗澡。 □是 □否

10.勤换衣物,保持衣物整洁。 □是 □否

11.不用手抓食物吃。 □是 □否

12.吃东西时会注意桌面、餐盘整洁。 □是 □否

13.吃完东西会擦干净嘴和手。 □是 □否

14.脏手不往身上擦。 □是 □否

15.身上有异味时会及时去除。 □是 □否

16.不小心弄脏衣物能及时处理。 □是 □否

17.每天换袜子和内衣裤。 □是 □否

18.穿衣服能系好扣子。 □是 □否

19.穿衣服会注重搭配,整体协调美观大方。 □是 □否

20.不随地大小便。 □是 □否

21.公众场合放屁时会注意悄悄走到一边。 □是 □否

22.公众场合不抠脚。 □是 □否

23.公众场合不打赤膊。 □是 □否

24.不穿奇装异服。 □是 □否

25.不将衣服口袋塞满东西。 □是 □否

26.学校要求统一着装时能遵守。 □是 □否

27.不穿拖鞋入校。 □是 □否

28.进家门会换居家的拖鞋、家居服。 □是 □否

29.下雨时会穿雨鞋、雨鞋套或防水鞋。 □是 □否

30.一些公众场合会注意行脱帽礼,如观看演出、
参加葬礼等。 □是 □否

测评分析

　　以上问题所得分数相加在 25 分以上,说明您的孩子是个讲卫生、爱干净的孩子。分数在 15 分—25 分,说明您的孩子在这方面还存在一些不足之处,需要您的引导。分数在 15 分以下,说明您孩子在个人卫生和着装方面的教育需要加强,在日常生活中,要抓住时机对孩子进行有意识的引导,帮助孩子成长。

① 我会讲卫生

案例

　　到了幼儿园水果时间了,西瓜一片片地立在果盘里。"小朋友们都去洗手,洗完手再来吃西瓜。"老师组织着小朋友们排队洗手。

青青和凯凯悄悄地溜到了小餐桌边,脏兮兮的手上沾满了刚才在花坛里弄到的泥。"我要这片和这片。"青青在两片喜欢的西瓜尖上赶紧咬了一口。凯凯不甘示弱,马上抓着几片西瓜开始咬。不多会儿果盘里的所有西瓜都被他们标记完了。眼看最后一片西瓜就要被凯凯拿走了,青青一爪子抓了过去,长长的指甲在凯凯的手背上划出了几道血痕。

"哇……"凯凯哭了。

"哇……"没西瓜吃的小朋友们都哭了。

幼儿园放学,接孩子的青青妈妈一再道歉,说明天给幼儿园送几个大西瓜来,也保证回家好好教育青青。

专家锐评

青青是个让妈妈头疼的孩子,妈妈们在日常生活中要对孩子进行良好的卫生教育。不爱干净不仅不利于个人健康,而且会显得非常没有修养。孩子良好的卫生习惯是要通过反复的提醒、督促才能训练而成。然而对孩子来说好奇、爱动是他们的天性,玩耍的时候他们会忽略掉卫生问题,为保持清洁勒令他们不可以这样或那样又会束缚他们的天性,也会挫伤他们的情感。那么家长该怎样对孩子的

卫生问题进行引导呢?

1.在日常生活中持之以恒,督促引导孩子养成最基本的卫生习惯。如注意勤洗手,勤刷牙,勤剪指甲等。每次起床后注意仪表整洁、干净。

2.不随意把除食物以外的物品放进嘴巴里,不把掉在地上的食品放到嘴巴里。不用脏手摸脸、揉眼睛。不随地吐痰,不乱扔垃圾。

3.当孩子要玩水、玩沙、玩泥、画画的时候,不要阻止他,而是准备好防护的衣物,让孩子穿上防护的衣物再进行游戏或绘画,玩完之后认真整理周围环境。

4.注重公共卫生,自己的行为不可以给他人造成困扰,比如乱擦鼻涕、乱吐痰、尿在厕所便池外等。

强迫孩子做一件事情是比较困难的,要通过榜样的力量、故事的引导、完成的奖励来充分调动孩子养成好习惯。

妈咪魔法棒

1.孩子小时候有一阵子特别喜欢把东西塞嘴里,地上捡到了也往嘴里塞,这是他在探索环境,但我们还是会制止,告诉他不卫生。

2.孩子小时候吃饭,总是会用手抓,或者弄得满手油乎乎的,给孩子穿好围兜后,我们一般会拿几块湿毛巾或者湿巾放边上,刚开始是他边吃,我们边擦,他大了些会自己擦。吃完后我们还会带他去洗脸、洗手。

3.定期给孩子洗澡,剪指甲。告诉孩子弄脏了的衣服不能穿,要脱下来洗干净。进门要换家居服、居家拖鞋,到床上睡觉要换睡衣。每次孩子换上干净衣服了,会带他照照镜子,说干干净净的宝宝好可爱,妈妈喜欢。孩子衣服弄脏了,会让他看看,告诉他衣服弄脏了,要换掉。

4.喜欢玩水玩沙是孩子的天性,所以孩子小时候我们会准备防

水的围兜、塑料雨鞋让孩子玩个痛快。如果孩子不穿这些,我们就不允许他玩。

5.孩子游戏过后,我们会带孩子一起整理收拾,比如玩剥豆子后,有豆子壳掉地上了,会让孩子用小扫把扫到簸箕里。刚开始孩子不会乐意,玩完了就不管,这时候我们就让孩子在边上看着,然后慢慢参与进来,给他一块小抹布跟着擦,多玩几次后他就会知道玩完要收拾了。

小 贴 士

爱干净不能过度

不讲卫生容易感染细菌生病,但过度讲卫生则容易过敏,人体免疫系统是在接触细菌的过程中逐步形成抗体和免疫力的,如果孩子一直在洁净的环境中,免疫系统的发展会受到抑制。

② 日常着装,我要得体大方

案 例

球球妈妈给球球买了一件家居服,这是一件"霸王龙"形状的家居服。

一年级的球球可喜欢这套衣服了,星期一的时候非要穿去上学。"要演出呀,球球?"隔壁的阿姨问。球球把手掌做爪子状,摇头晃脑地对着阿姨吼:"我是霸王龙,啊……"

去小学的路上,所有的人都朝着球球笑,有的还拿着手机给他拍照,球球可得意了。

可是到了学校门口,值班老师说什么也不让球球进去:"我们这

里是人类的小学哟,不是动物园呢,霸王龙先生,如果你要上学,建议你去动物学校哟。""可是没有动物学校呀!"球球很郁闷。"那就请你回家换校服再过来吧!"值班老师非常尽责。

球球妈妈心想还好把校服带着了,三下五除二给球球现场换了个装。"好了,现在你是人类小学生了,可以进去啦!"

晚上球球问妈妈,为什么不可以穿着"恐龙"衣服进学校呢?为什么黄头发的哥哥姐姐被拦住了呢?球球妈妈怎样回答这个问题呢?

专家锐评

球球很爱自己的"恐龙"衣服,但家长要告诉孩子哪些场合可以穿,哪些场合不可以穿。

学校是上学的地方,而不是进行时装表演或过分展示个性的地方。"恐龙"的衣服很可爱,但不适合在学校里穿。染发、配戴饰物等也不适合学生,会让学生把精力分散到穿着打扮上。

对于家长来说,日常生活中教会孩子正确着装是非常重要的事情,每天我们都要和衣服打交道,着装得体不但是一种礼仪,更是一种美。这也是家庭中最容易对孩子进行的一种和礼仪、审美相关的教育。具体来说可以从以下几方面着手:

1.教会孩子正确穿衣服,纽扣扣在正确的位置,拉拉链、系鞋带,系红领巾,袜子、鞋子配对,做到穿戴整齐。

2.教会孩子整理衣物,如睡前将第二天要穿的衣服放在床边。衣服晒干后折叠好收入柜子,一些不方便折叠的衣服要用衣架挂进衣橱等等。

3.教会孩子搭配衣服。穿衣是种品位,可以展现一个人的身份、个性气质,也可以反映一个人的偏好。让孩子了解服装的款式搭配、色彩搭配,根据天气搭配服装,培养孩子的分析能力和审美能力,引导他们热爱生活。

买衣服时,家长在以下两方面需要注意:

1.很多家长会买大几码让孩子穿,其实这样并不好,一是过大显得不美观,二是容易影响孩子的正常活动,等到衣服到了正常可以穿的年龄时又旧了。建议给孩子买尺码合适的衣服,不需要太贵,也不要太多,质地舒服款式大方就好。

2.有的家长为了省钱,会拿二手旧衣给孩子穿,这容易引起孩子的自卑心理。建议和孩子沟通,比如说明家庭的经济状况,节俭是一种美德等,如果孩子能够体谅或愿意接受,则接纳亲友的馈赠,如果孩子非常介意,那么可以根据孩子的行为表现,给孩子买他喜欢的衣服。有的家长担心孩子把新衣服弄脏,会给孩子套上件旧衣服再出门或者戴上袖套,孩子穿新衣服的快乐会因此减少,这时建议让孩子将袖套放在包里,在吃饭或画画等场合自由选择戴不戴。

妈咪魔法棒

1.孩子一岁多点,穿衣服就有了自主性,会说不好看,不要穿。虽然他的要求不一定合理,但妈妈可以适当尊重他的意见或转移他的注意力。

2.从小我们会让孩子了解不同季节要穿不同的衣服,不同性别

要穿不同的衣服。

3.我们会教孩子穿衣的技能,从伸胳膊、提裤子开始,等他大些了让他拉拉链、穿搭扣鞋子,一般都是买穿起来容易的衣服鞋子让孩子自己穿,最后让他学会独立穿衣。

4.孩子大了以后,引导孩子欣赏服装的款式、颜色、类别,让他自己选择买什么样的衣服,根据天气来选择衣服。

小贴士

穿衣过厚影响孩子运动及健康

据研究,儿童的着衣和运动情况影响身体健康。日本在穿衣方面推行让孩子穿少一些,即薄着衣。对幼儿来说,厚着衣方式易造成行动不便,让孩子运动量减少。且厚着衣状态下稍微一运动就会出汗,当汗液不能及时蒸发时,一旦受寒就容易生病。而薄着衣可以避免这样的情况,可以促进孩子的体温调节能力,方便运动,增强机体的抵抗力,从而预防疾病。

③ 特定场合,我会这么穿

案例

美美妈妈给美美买了好多漂亮的衣服、鞋子和头饰。今天是幼儿园的运动日,美美妈妈早早就给美美准备好了运动服、运动鞋。可是美美不乐意。"我不穿这些,我要穿这个。"美美想要穿的是那条缀满小花的小裙子、有可爱小兔的小皮鞋,然后还想戴上花夹子。美美妈妈拗不过美美,只好按着美美的要求帮她穿好。

"好了,第一个项目是踩高跷,预备——"裁判老师吹起了口哨。

小朋友们踩着高跷往前赶。穿着蓬蓬裙的美美踩上了高跷却看不见自己的脚,她着了慌。等她刚刚适应往前走的时候,别的小朋友早就到终点了。

"请完成比赛的小朋友到这边来,第二个项目是'我是勇敢小士兵',我们的小士兵们要从'铁丝网'(迷彩色网状游戏道具)下面匍匐前进,到达终点。""小战士"们一听到口令就"嗖嗖嗖"地匍匐着向前。"哎哟!"美美刚钻进去,头发上的发卡就被网眼勾住了。等老师帮她把发卡取下来,别的小朋友都通过了。

今天的活动,大家玩得都很开心,而美美觉得一点都不好玩,她满脸都是不高兴。美美妈妈心想得好好给她讲讲不同场合的穿着问题了。

专家锐评

美美的裙子、头饰、皮鞋的确很好看,可是运动时穿戴并不适合。在生活中,选择衣服要与出席的场合、环境相适应。着装得体可以让人从容,增加一个人的自信,而着装不当、饰品搭配不当,会起到相反效果。着装需要注意的场合一般有哪些呢?又有哪些礼仪需要注意呢?

生活中不同场合有不同的穿着要求,参加不同场合的活动时应穿戴相应的服饰,并掌握不同场合的社交礼仪。

1.参加运动会应穿运动服及运动鞋。

2.参加舞会、节庆聚会,可以选择礼服或得体大方的服饰。

3.参加婚礼时要选择喜庆的暖色调衣服,或大方得体的日常服饰,要注意保持服装的干净整洁。

4.参加葬礼时要选择黑色服饰,表情要严肃、悲伤,行为举止要稳重,不能喧哗吵闹、说笑。

妈咪魔法棒

1.孩子小时候,我们都是给孩子买宽松舒适的衣服。等孩子大了,报一些运动类兴趣班后,我们都会准备好运动服,既方便运动,又可以避免运动后出汗感冒。

2.每逢过年,会给孩子买新衣服,让他们感受新年的喜气。要去参加聚会或者重要活动的时候一般也会把漂亮的衣服给孩子穿上,告诉他这是重要的场合,我们要穿得隆重一些,表示对活动的尊重,也会给孩子讲一讲在这些场合的注意事项。

3.为了丰富孩子的一些见识,我们会带孩子参加一些有趣的活动。比如带孩子参加婚礼,孩子看到新娘的时候就会说:"哇,这个阿姨好漂亮!"借着这个机会,我们会和孩子讲一讲结婚礼服的小知识。

小 贴 士

特殊场合着装须注意

进入博物馆、纪念馆、音乐厅等地方不能穿着过于随意,因为这是正规、高雅的场合,对着装有要求。不能穿拖鞋、背心、短裤等随意的衣服,以免破坏氛围。一般要穿正装。

小 结

着装得体惹人爱

虽说人不可貌相,外貌与才华之间并没有必然的联系,但心理学研究发现人们对人的总体印象往往受第一印象的影响最大。若是

在他人心中留下不好的印象,扭转起来要花费很大的力气。每个人都向往美好,在相识的初始阶段,着装干净、整洁、大方有礼的人会更容易吸引他人的目光。而邋遢不讲卫生会让人敬而远之。因此家长在教育孩子的过程中,要提醒孩子注意维护好自己的外在形象。

注重着装、维护好个人的形象也是一种对他人表示尊重的礼仪,在不同时间、地点、场合要穿不同颜色、风格的服装。倘若着装不当则容易造成误会或闹出笑话。

此外,家长在孩子的着装上还要注意,着装得体可以增加孩子的自信。每个孩子都有自己的外在特质,不管什么样的身材,都能找到适合的衣服,穿出独特的气质,家长千万不要因审美跟风或者是将就的态度,选择不合适的衣服给孩子。

第四章

让孩子有爱心

小测试

你的孩子有敬畏心和爱心吗？

请您仔细阅读,并根据孩子的实际情况,回答下列问题,答案为"是"得 1 分,答案为"否"不得分。

1.尊重老师,见到老师会主动问好。 □是 □否

2.上课时不打瞌睡。 □是 □否

3.上课时不交头接耳。 □是 □否

4.上课时不起哄。 □是 □否

5.课间不和同学追追打打。 □是 □否

6.不当众顶撞老师。 □是 □否

7.尊敬长辈,见到长辈会问好。 □是 □否

8.有好吃的会请长辈先吃或留给长辈吃。 □是 □否

9.会为长辈做力所能及的事情。 □是 □否

10.会认真倾听长辈说话。 □是 □否

11.不对长辈吼叫发脾气。 □是 □否

12.会主动向认识的人问好。 □是 □否

13.一起游戏时能照顾到他人的情绪。 □是 □否

14.当别人需要帮助的时候,会主动提供帮助。 □是 □否

15.接受他人的优点,不嫉妒。 □是 □否

16.接纳他人的缺点,不嘲讽。 □是 □否

17.爱护动物。 □是 □否

18.不招惹不认识的猫狗。 □是 □否

19.不随意给动物园的动物喂食。 □是 □否

20.不虐待动物。 □是 □否

21.认识常见的野生保护动物。　□是　□否

22.不吃野生动物。　□是　□否

23.不随意攀折植物。　□是　□否

24.不踹树或摇晃树。　□是　□否

25.不在树上刻字、不剥树皮。　□是　□否

26.爱护环境,不乱扔垃圾。　□是　□否

27.知道垃圾分类的方法。　□是　□否

28.不浪费水资源。　□是　□否

29.不浪费粮食。　□是　□否

30.不浪费纸张。　□是　□否

测评分析

以上问题所得分数相加在 25 分以上, 说明您的孩子懂得尊师敬老,能关心他人、爱护动植物和环境;分数在 15 分—25 分,说明您的孩子在未得分项的教育上还存在一些不足之处, 需要您的引导;分数在 15 分以下,那么针对未得分项的教育需要加强,在日常生活中,要抓住时机对孩子进行有意识的引导,帮助孩子成长。

① 我会尊敬长辈

案例

爸爸的大舅舅一家来做客了,奶奶特别激动,说大舅公十几年都没来了呢。

"小山,去请爷爷奶奶、舅公舅婆上桌吃饭吧!"妈妈对小山说。

"吃饭啦!"小山跑到沙发边冲着正在聊天的老人们喊。

"你坐这里,坐这里。""不坐不坐,你坐吧。""哎呀,一家人客气什么呀。"爷爷和舅公你让我,我让你,谁也不肯在主位就座。小山说:"你们不坐,我来坐。"说着一屁股坐了下来。爷爷正要呵斥两句,舅公说:"没事没事,小山坐这里刚好陪我们聊聊天。"说着还掏出了一个红包给小山。爷爷说:"不能拿、不能拿……"小山一把抢过来,说:"舅公给我的,哇,好多钱!"

"鲍鱼上桌咯!"妈妈端上来一道大菜。"这个大鲍鱼,舅公来一个。"爸爸给舅公布菜。"我要吃,我要吃!"小山喊。"好好好,小山先吃。"舅公说着把鲍鱼夹到了小山碗里。小山可高兴了。

吃完饭,大家要下楼一起送舅公舅婆回宾馆,"小山,快穿鞋,我们去送送舅公舅婆。"奶奶喊。"不要,我要看动画片。"小山坐在沙发上一动也不动。

晚上回来后,奶奶的脸色不太好,小山的妈妈心想,平时全家人实在是太宠着小山了,在长辈面前这么失礼,该怎么教育小山呢?

专家锐评

小山的表现的确非常失礼,作为家长要认识到孝敬长辈是我们中华民族的传统美德,父母要以身作则。

尊敬长辈是我们中华民族的传统美德,然而由于现代家庭生活结构的转变,6个大人围着1个孩子转,导致很多孩子在家中比较自我,习惯了父母长辈对自己的付出。孩子的表现也反映出大人的日常教育,若是父母在尊敬长辈的礼仪教育上存在缺失,那么孩子很容易模仿。想改变孩子,可以从以下行为方面入手:

1.从小教育孩子尊敬长辈,对长辈要用尊称,不能直呼长辈的名字。

2.用餐时要培养孩子养成长辈优先的习惯,邀请长辈先上桌入座,美食先请长辈品尝后再自己品尝。

3.要体贴长辈,在力所能及的范围内为长辈做些事情,比如端茶倒水、捶背捏肩。

4.父母要给孩子树立好的榜样,早晚向长辈问安,抽时间陪伴长辈聊天,尊重长辈的想法。不在孩子面前指出长辈的不是。

5.因为长辈溺爱,孩子反而容易受情绪控制,对长辈做出无礼行为,一旦发现这样的行为要立刻制止、严肃批评教育。

妈咪魔法棒

1.孩子小时候和大人分享食物就是他们在表达自己的爱,其实,孩子给你的东西一定要吃,要不然以后他就不会分享。孩子稍微懂事以后,家里不管买了什么好吃的,我们会让孩子先给长辈吃,长辈每次都是心疼孩子,看着孩子想吃的眼神会说让孩子先吃,我们都会和长辈沟通:"孩子先给您吃我们看着也开心呢，这是我们的心意,您就吃吧。"孩子会模仿父母的行为。

2.奶奶打喷嚏了,我们会主动询问,当孩子的面给长辈烧水拿杯子。

3.中国人其实大多不善于表达爱,很多时候反而是借助于孩子向长辈表达爱，比如会对孩子说我们今天要带外公外婆去哪里玩,你要照顾好外公外婆哟。自己平时多向老人表示敬重。

4.长辈不在身边的时候,我们会定期视频问候,让孩子也和长辈聊聊天。带孩子去长辈家,我们每次都会带上礼物。

小贴士

关于孝的传统文化

善事父母曰孝。 ——《诗经·尔雅》

子游问孝。子曰:"今之孝者,是谓能养。至于犬马,皆能有养。不敬何以别乎?" ——《论语·为政》

是孰为大?是亲为大。 ——《孟子·离娄上》

孝子之至,莫大乎尊亲。 ——《孟子·万章章句》

② 我会尊敬老师

案例

"老师好。"

"你们好。"

轩轩和同学们碰上了隔壁班的老师,大家都鞠躬向老师问好,轩轩不说话,也不鞠躬,贝贝问:"轩轩你怎么不说老师好呀?""他又不教我们。"轩轩甩出一句话。

放学了,轩轩妈妈在校门口接轩轩回家。"轩轩再见哟。"一个老师说。轩轩妈妈赶紧对轩轩说:"和老师说'再见'吧。""美术老师再见。"轩轩说。"美术老师姓什么呀?"妈妈问,"我不知道。""那你们平时都怎么叫老师的呀?"轩轩妈妈好奇地问。"语文老师、数学老师、体育老师、音乐老师、美术老师这样叫啊!"轩轩报了一串称呼出来。

晚上王老师给轩轩妈妈打了个电话,把轩轩在学校的表现说了说,轩轩妈妈心想,该怎么教育孩子尊重老师呢?

专家锐评

面对轩轩的行为表现,家长应及时指出他身上的问题,比如在学校里见到眼熟的老师,不管是否是教自己的,都应主动问好。对自己的授课老师,应记住他们的姓名,以示尊重。

中国自古就是一个尊师重道的国家,从"天地君亲师""一日为师终生为父"可见老师的地位极其崇高。

然而现代生活中,很多孩子因为长辈的包容与溺爱,在家庭中唯我独尊,入学时把这些不良的行为习惯带进了课堂,把这些行为习惯当作了追求自我、追求平等、追求自由的表现。他们很难树立起敬畏心,也难产生感恩心,反而因为纪律的管束、教师的严厉,对教师没有基本的尊重。

因此,作为家长,应告诉孩子教师的崇高地位,作为学生应该如何尊重教师。

1.尊敬老师要虚心真诚,言行有礼。上课时要注意课堂礼仪,要尊重老师的辛勤劳动。学习过程中,要信任老师,服从老师的指导,努力完成老师布置的各项学习要求。

2.不能顶撞老师,不要在背后议论老师的外貌、穿着,模仿歪曲老师的行为,更不要在背后发泄对老师的不满情绪、散布不当言论。

3.路上遇到老师,要主动行礼问好,与老师相遇,要主动侧身请老师先行。老师进行家访时要给老师倒茶,向父母主动介绍老师。

4.进入老师办公室之前要敲门,征求老师的同意。若老师有事在办,要有礼貌地等待或约定下次再来的时间,离开办公室要向老师告别。

妈咪魔法棒

1.孩子刚上幼儿园的时候,我们会告诉他某某老师最喜欢他了,这样孩子在开始的时候也会对老师产生非常好的印象,愿意上学,也喜欢上课的老师。接送孩子时会带着孩子向老师主动问好,养成孩子的问候习惯。

2.孩子大些,每天孩子放学,会问问孩子,今天在学校的学习生活情况,告诉孩子要尊重老师的劳动付出。

3.每到教师节,会让孩子为老师亲手制作礼物,送给老师以示感谢。逢年过节会让孩子给老师发祝福的信息或打电话给老师进行问候。

小 贴 士

疾学在于尊师

"疾学在于尊师"(出自《吕氏春秋·孟夏纪·劝学》),意为要很快学到知识,首先要尊重师长。

③ 我会关心他人

案 例

小朋友们一起玩,哎呀,朵朵摔跤了。小朋友们纷纷安慰朵朵,不要哭,不要怕,回家找妈妈,擦点药就好了。东东觉得女孩子就是娇气,有什么好哭的嘛,不就是摔了一跤。

小表妹来自己家里做客,东东边看动画片边吃冰激凌,表妹说:"东东哥哥,我也要吃。"东东转到一边说:"你要吃叫你妈妈买,这是

我妈妈买给我吃的。"

东东妈妈觉得东东实在是太自私了，一点也不懂得关心别人，该怎么教育才好呢？

专家锐评

东东的冷漠让人心里不是滋味，原因主要在于父母的教育。

很多家庭过于把孩子作为中心，让孩子在家庭中的地位高人一等，这样的孩子常以自己的内心需要为中心，而不去关心和体会他人的情绪和需求。长此以往，很有可能发展为冷漠、自私、偏激的不健全人格。

怎样改变这样的现状，培养孩子的同理心呢？同理心是一种能够站在他人立场上看待问题、感受问题、处理问题的能力。家长可以从以下方面入手：

1.父母以身作则，通过关爱他人、帮助他人的行为，在生活中对孩子进行潜移默化的影响。当孩子遇到问题的时候，家长要能站在孩子的角度和孩子分析他的情绪，然后再回到父母自己的角度谈谈内心感受，这样孩子遇到问题就能够多角度地思考问题了。

2.根据孩子的年龄，给孩子安排他力所能及的家务劳动，让他理解父母的辛苦，分担家庭的责任。

3.可以通过照顾宠物与花草,培养孩子的同理心、责任心。

4.引导孩子关注他人的喜怒哀乐,言谈举止,关注他人的需要,接纳、理解他人的情绪,在游戏与互动中表现自己的同理心。

妈咪魔法棒

1.孩子小时候摔玩具,我们就会告诉他玩具会很痛,不可以摔。他开玩笑拍打或用脚蹬踢我的时候,我会制止并告诉他:"你这样拍,妈妈会很痛,妈妈拍你一下,你看看痛不痛?"

2.家庭中有人打喷嚏,我们会主动关心,是不是着凉了。孩子看到了也就有了主动关心他人的意识。

3.家里的好吃的,不会让孩子独享,而是每人一份。如果爸爸没回来,要给他留着。从小养成习惯后,即便孩子再想吃都会忍住。

4.从小按孩子的能力给孩子安排每日任务,比如晒衣服的时候让孩子在旁边一件一件地递衣服。

④ 我会爱护动植物

案 例

小区里的杜鹃花开了,红艳艳的,真好看。毛毛薅了一把又一把,往鱼池里面洒。问他为什么,他说给小鱼看看花。

路边的梧桐一棵棵地立着,毛毛站旁边等公交车,车怎么还没来?毛毛等着等着抠起了树皮,一会工夫,他把能够着的树皮抠了个精光!

毛毛跟着妈妈到阿姨家玩。阿姨家里养了只虎斑猫,虎头虎脑真可爱,可就是钻在桌子底下不出来。趁着阿姨和妈妈去厨房做饭,毛毛堵住小猫把它从桌子底下拖出来。"飞咯……"毛毛抡着小猫的两条后腿转圈圈,端菜出来的阿姨慌得把盘子打翻了。

毛毛妈妈想,怎么才能让毛毛有点爱心呢?

专家锐评

毛毛因为好奇而淘气,作为家长要及时制止孩子的不当行为。对孩子进行教育,要教育孩子爱护周围的动植物,要告诉孩子为什么要爱护动植物。

动植物是我们人类的朋友,与我们的生活密切相关。在日常生活中,家长要引导孩子认识到保护动植物的重要性,让孩子感受到生态环境变化对我们人类的影响,进而激发孩子爱护动物、保护自然生态环境的意识,让人类与自然和谐共生。

1.在日常生活中对孩子进行生命教育、生态教育。可以通过观看图片、生态环保类纪录片等方式,让孩子萌发珍惜生命、保护自然的情感,并落实在行为上。

2.绿色植物为我们净化环境,也可以给我们带来心灵上的洗礼,作为家长要多带孩子多亲近大自然,感受大自然的美。

3.结合动植物保护的新闻,告诉孩子虐待动物是一种残忍行为,给孩子介绍动植物保护相关的法律等。

4.让孩子种一盆花,做植物观察笔记,了解植物的生长过程。让孩子通过户外观察,了解昆虫、鸟等多种生命形态。

妈咪魔法棒

1.从小告诉孩子不摘花扯草,如果喜欢叶子,可以摸一摸看一看,只能捡地上的树叶,不可以摘。对不是自己家养的动物,尽量不要去打扰它或者让它感觉到威胁。

2.到了周末我们会带孩子出去踏青,感受自然景观带来的美。

3.在家里我们一方面会给孩子讲很多动植物类的科普知识,看《动物世界》《人与自然》节目,引导孩子思考动植物和我们人类的依存关系。另一方面在阳台一角腾出些地方让孩子养点小乌龟、小金鱼,种点花花草草。

小 贴 士

灭绝和濒于灭绝的动植物

由于人类活动和全球变暖,据统计,20 世纪约有 110 种和亚种的哺乳动物以及 139 种和亚种的鸟类在地球上消失了。世界上已有约有 593 种鸟、四百多种兽、209 种两栖爬行动物和一千多种高等植物濒于灭绝。

⑤ 我是环保小卫士

案 例

新买一盒水彩笔,从巷子头,到巷子尾,云云走到哪里,画到哪里,画猪头是他的拿手好戏,雪白的围墙上到处都是他的真迹。

班上要值日,轮到了云云,好不容易扫完地,他可不想下楼倒垃圾。悄悄把垃圾用簸箕、笤帚藏在角落里,拍拍手就回家去。

家庭聚餐,奶奶收了一箱子啤酒瓶,放在露台等着有空卖出去。云云嘿嘿哈哈,拿着瓶子练侧踢,玻璃渣子碎一地。

云云妈妈觉得心真累,怎样才能让云云懂事点?

专家锐评

云云涂鸦、侧踢啤酒瓶是觉得好玩,乱倒垃圾可能是为了偷懒,他并没有意识到这些行为是破坏环境。他不懂得这些行为的背后可能会造成什么样的后果。

环境问题是我们人类面临的严峻挑战。家长在生活中要对孩子进行有目的的环保教育,要通过环保知识的讲解,引导孩子爱护环境、保护环境。

1.通过科普故事、影像资料,教育孩子节约用水,了解水污染的危害性,知道如何保护水资源。

2.通过观察汽车尾气、烟囱等,让孩子从视觉、嗅觉等角度,感受空气污染的危害,再通过科普故事或影像资料,让孩子了解空气污染对人类的影响。

3.在日常生活中教育孩子保护环境,节约用水、用电,学习垃圾分类知识、不乱扔垃圾,带头减少污染源,不浪费粮食,不浪费资源。让孩子从自己身边的小事做起。

妈咪魔法棒

1.在家里我们会教孩子垃圾入篓,垃圾分类的小知识。会带孩子看一些变废为宝的小视频,让孩子知道哪些是可以二次利用的。还会带孩子动手实践"变废为宝"。

2.我们会在网上找一些关于保护生态环境方面的纪录片和科幻片,通过表现水污染、空气污染、垃圾包围城市等触目惊心的画面,让孩子感受到环保与我们息息相关。

3.孩子洗手的时候会教孩子把水盆放水龙头下面,水流要开小

一些,洗完手或者洗完菜的水,可以用来冲厕所。也通过科普故事让孩子了解水对我们人类及动植物生存的重要性。

4. 在生活中时时刻刻注意提醒孩子生活中关于环保行为的细节,久而久之孩子碰到相应问题就能应对了。

小 贴 士

《寂静的春天》——环境生态学的标志性起点

《寂静的春天》的作者是美国作家蕾切尔·卡逊,这本书里她用生动的语言阐述了农药杀虫剂对环境的污染和破坏作用。在这部科普书籍的警示下,美国政府开始对剧毒杀虫剂进行调查,并于1970年成立了环境保护局。这本书被认为是20世纪环境生态学的标志性起点。

小 结

教育孩子要有敬畏心、同理心、感恩心

在生活中对孩子的过分溺爱,会导致孩子出现一些不太尊敬长辈的行为,他们只知道被动接受长辈的爱,却不知道怎样对长辈表达自己的爱。同时由于家长在家庭教育中对尊师教育、同理心教育方面内容的忽视,让很多孩子对周围的人、事、物都缺乏感恩与敬畏,他们只关心自己,不会谦让、不懂分享、争强好胜,又嫉妒心强。孩子出现问题后,家长又常常束手无策,只能放任。

孝亲尊师是我们中华民族的传统美德,关心他人是一种良好的品质,爱护动植物、保护环境是一种对生命珍爱的态度,而孩子是我们生命的延续,希望我们的孩子是有敬畏心、有感恩之心的。

我们相信当孩子有了敬畏心、同理心、感恩心后,当他在与周围人、社会、自然互动时,他会寻找到自己在这个世界上存在的意义,他的生命也会绽放出自己独特的美。